陪孩子养成专注力

玩霸妈妈 著

江苏凤凰文艺出版社

图书在版编目（CIP）数据

陪孩子养成专注力 / 玩霸妈妈著.—南京：江苏凤凰文艺出版社，2023.8
ISBN 978-7-5594-7637-1

Ⅰ.①陪… Ⅱ.①玩… Ⅲ.①注意力－能力培养－家庭教育 Ⅳ.① G782

中国国家版本馆 CIP 数据核字（2023）第 047892 号

陪孩子养成专注力

玩霸妈妈　著

责任编辑	周颖若
特约编辑	李芳芳
装帧设计	VIOLET
责任印制	刘　巍
出版发行	江苏凤凰文艺出版社
	南京市中央路 165 号，邮编：210009
网　　址	http://www.jswenyi.com
印　　刷	三河市嘉科万达彩色印刷有限公司
开　　本	700×980 毫米　1/16
印　　张	18.25
字　　数	161 千字
版　　次	2023 年 8 月第 1 版　2023 年 8 月第 1 次印刷
书　　号	ISBN 978-7-5594-7637-1
定　　价	62.00 元

江苏凤凰文艺版图书凡印刷、装订错误可随时向承印厂调换

序言

这本书，我想献给所有希望孩子健康成长、家庭幸福的父母。

我一直想写一本给家长阅读的关于专注力的书，起心动念很久了，但总是差一个契机，后来出版机构的编辑张金蓉老师不辞辛苦地与我沟通，于是才有了这本书，在这里我要特别感谢她，谢谢她一路陪伴我创作。

写这本书时，我在各媒体平台有 300 多万粉丝。有一段时间，孩子们不能上学，家长很无奈，自己教不了，但又不能放任不管，非常头疼。尤其是专注力，这个问题太专业了，没有一些专业知识，家长们很难自己训练孩子，而孩子的专注力差会直接影响到学习。

于是，我把我在 10 多年教学中的一些案例和心得写出来，同时也把我的女儿和儿子生活中的一些小故事记录下来，有理论，也有实践。断断续续耗费了大半年时间，写了 30 多万字的文稿，后来经过不断删改，打磨到只剩下现在的这些精华内容——就是今天你所看的这本书。

我很喜欢这本书，书中的每个经验、每个理论不仅仅是在探讨专注力，更是在分享育儿方法。每个小故事都简单实用，会让很多处在困惑中的父母找到答案和方法，希望大家都能够用心去品读，也希望每位父母都能够读透这本书，然后去实践，将理论持续不断地用在孩子们身上。我相信，结果一定非常美好。

写书过程中，我还有一个感悟，想跟大家分享，那就是一定要经营好夫妻关系。有时候，在某个章节，我也会无从下笔，也会着急。在焦虑时，我先生会说："放下你手中所有的事情，我带你去吃美食，带你去享受当下，来一场说走就走的旅行。"我先生是我生命中的灯塔，为我照亮前路；和我是同一战壕里的战友，和我并肩作战。这种良好的夫妻关系是一种能量，孩子是会感受到这种能量的。因此，夫妻关系越和谐，越有利于孩子的健康成长，家庭也就越幸福。

创作是一件既耗脑力又考验体力的事情，有时候我从早上开始坐下来不停地写，再抬头时发现天都黑了。即便如此，我依然会花一些时间来打理自己，练瑜伽、跑步，这些都是我给自己减压的方式；看场电影，买束花，到海边走走，这些也是我愉悦自己的方式。我们虽然很普通，但是可以选择用自己喜欢的方式活着。

很开心，这本书随着最后的落笔，终于要跟大家见面了。

不知道你们拿到它是否会喜悦，是否某个章节的主人公像极了你，像极了你家孩子。不管怎样，都请相信，每个孩子都是一颗潜力无限的种子，只要在他成长的阶段，父母用心呵护、精心栽培，总有一天，他会成为一棵参天大树！

我们一起期待吧！

愿亲爱的读者朋友们、可爱的小朋友们，一切顺遂！

爱你们的玩霸妈妈
2022 年 9 月 9 日于烟台

目录

第一章
不专注、缺乏内驱力的孩子，真的有问题吗

孩子的专注力是"保护"出来的　　002
"不专注"孩子的四个特征　　008
孩子"感统失调"怎么办　　013
被错怪的 ADHD "熊"孩子　　020
探寻孩子不专注的根源　　025
尊重孩子的特点：不专注是一种"天赋"　　030

第二章

稳定的家庭关系是专注的基础

破坏孩子专注力的四大家庭因素 036
孩子的安全感来自童年的家庭关系 041
关于隔代教育，你必须知道的三件事 046
六个技巧，打造专注的家庭环境 050
培养孩子专注力的五条家规 054

第三章

孩子专注力的重建方法

把握 3 岁半的专注力养成期 062
六个方法让孩子学会管理情绪 067
五个原则让孩子学会目标管理 072
家校合作，父母要把握主动权 077
哈佛优势循环五步法 080
运动是改造大脑的秘宝 086
培养孩子延迟满足的能力 092
懂得吃，才能养出小天才 097

第四章

解决上课不专心、坐不住的问题

面对捣蛋鬼，正面管教最管用	102
别把"注意力"当作孩子的借口	107
父母以身作则的力量	112
避免孩子陷入习得性无助	115
最高的专注状态——心流	120

第五章

习惯养成：从细节打造专注体质

电子产品是"蜜糖"也是"砒霜"	128
让孩子成为自己的管理者	134
达·芬奇也有拖延症	140
如何科学地写作业	145
规律生活比自律更重要	151
如何把厌学生变成优等生	156

第六章

亲子沟通是最好的药方

俯下身沟通，拉近亲子关系	162
每天要跟孩子沟通什么	167
让孩子有教养的实战宝典	171
如何夸孩子，你会吗	176
种什么"因"得什么"果"：用真诚的表扬去肯定孩子	180
你的教养方式决定了孩子是自信还是自卑	183

第七章

陪孩子轻松进行专注力训练

舒尔特方格	190
训练注意力的分配性——让孩子学会"一心二用"	195
培养注意力的稳定性	197
训练注意力的转移	199
注意力的追踪训练	202
听觉注意力训练	204
触觉游戏——百宝箱	208

身体协调——平衡力 209

手部精细动作——耐性 211

一起照镜子——观察力训练 213

抗干扰训练 214

手指操 215

有趣的拼图——意志力 216

第八章

拿来就能用的专注力小游戏

第一章

不专注、缺乏内驱力的孩子,真的有问题吗

孩子的专注力是"保护"出来的

你多久没有看完过一本书了？很多人的答案可能是大于三个月，甚至一年。当你打开这本书时，恭喜你，阅读这本书本身也成了你锻炼专注力的一门功课。我们身处互联网信息爆炸的时代，也身处一个注意力异常稀缺的年代，社交媒体、游戏、数码产品、碎片式信息都在想方设法地抢夺人们的注意力。

注意力是一种无形的资产，商家将注意力作为一种不标价的资源，而层出不穷的游戏、低纬度娱乐正在蚕食我们的注意力。大部分的人浑然不知，沉浸在"短平快"的信息获取快感中，逐渐失去深度阅读和思考的能力。

作为一个成年人，我们尚且无力抵挡生活中的诱惑，更何况是我们的下一代呢？关于孩子注意力短缺、无法专注的问题已经逐步暴露。

基于此，我们先来定义一下这本书所谈论的专注力。

专注力也叫作注意力，是指一个人专心做某件事或从事某项活动时的心理状态。

弘一法师曾说过:"用功夫要如猫捕鼠(专注·奋发),要如鸡孵卵(专注·无间),要如水滴石穿、钻木取火(专注·不停),乃能成就。"专注力是一个人有所成就需要具备的基础能力。

专注力是一个人有所成就的根本,影响我们行动的效率和结果。它是一种能屏蔽外界干扰,全然聚焦于当前事物的能力,它的最高状态是心流(flow)。

心流的概念是由匈牙利籍心理学家、积极心理学奠基人之一的米哈里·契克森米哈赖在20世纪90年代前后提出来的,后文我会展开介绍。心流大致指的是,当一个人进入心流时,可以带来一种知行合一、物我两忘的内心喜悦状态,这也是很多冥想者、修行者所追求的目标。

对于孩子来说,专注力是他们未来人生向上攀爬的阶梯。他们如白纸般的大脑,需要靠专注力去习得一项项的能力,去构建属于自己的知识体系,去探索各种有趣的技能。

学霸都是专注力超强的孩子。哈佛大学第26任校长鲁登斯坦说过:"想要成为哈佛的优秀学生,不可或缺的就是专注力。"有专注力的孩子非常容易进入状态,写作业、做习题,即使是吃饭穿衣、收拾房间都特别利索,他们不会处于那种胶着状态。相反,没有专注力的孩子就很难进入状态,比如,吃一顿饭要吃一个多小时,吃一口饭,看一会儿电视,玩一下玩具。可以说,专注力是一个孩子成长最大的助力之一。

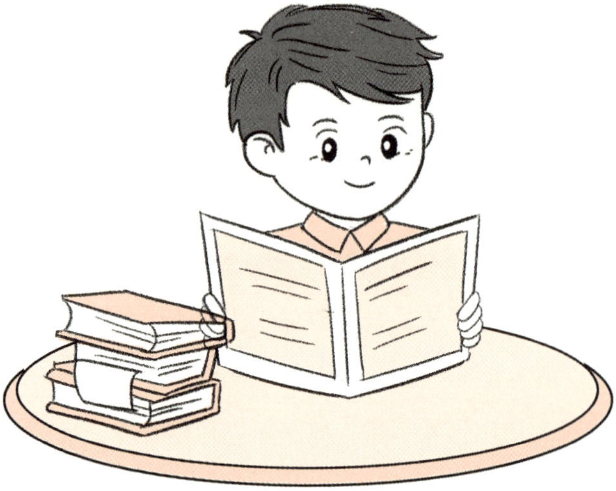

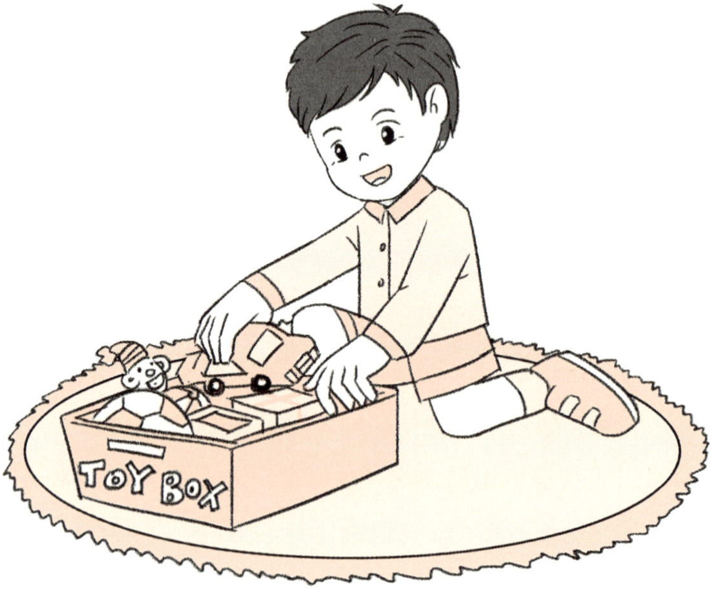
TOY BOX

为什么有的孩子会缺乏专注力

为什么孩子之间专注力的区别会如此大呢?是什么造成了孩子的三分钟热度?很多家长都会陷入一个误区:孩子没有专注力,是他故意的,是他缺乏某些能力。

父母把不专注的孩子视为捣蛋鬼,并以此来批评他,实则是在冤枉孩子。因为大多数孩子都是被后天的养育者和养育环境破坏了专注力,所以才会注意力不集中。

事实上,专注力是一种天生的能力,且随着孩子长大会逐渐提高。一般来说,学龄前的儿童,最少的专注时间是年龄+1分钟,比如3岁孩子,最少能专注4分钟的时间。

我们可以回想一下孩子幼年时期的场景。当孩子在认真吃饭、看电视、搭积木、洗澡、吹泡泡时,你喊他的名字,他是不是常常听不见,像进入了另一个世界一样?这个世界就是心流的世界,也是我们所说的专注力的最高境界。

给孩子更自由的空间

除了一部分被先天生理问题影响的孩子,其他小孩都有着天生的专注力,能让他们去自主学习技能、探索世界。那么,这种与生俱来的专注能力为什么被破坏了呢?原因并不在孩子身上,而是每一次身边的人打断孩子的沉浸式状态,都是对孩子专注力的一次破坏。

印第安纳大学心理学家和脑科学系教授 Chen Yu 做过一个专注力研究,被测试者是 40 组 1—1.5 岁的孩子及他们的家长,实验通过监测父母和孩子的眼球运动数据来测试他们的专注力。在监测设备的监测下,孩子和家长一起玩游戏。

实验发现,在那些孩子主导游戏,父母只提供即时反馈的家庭里,孩子的专注力最强。这些孩子都被赋予了最大限度的自由,自由地探索、做事、玩耍,而且他们可以获得积极的反馈和回应。

相反,在实验中如果父母强行引导孩子专注,或者要求孩子去做一件指定的事,孩子并不会听从父母的安排。即使孩子不情不愿地做了那件事,但他在与父母对话时,眼睛并不看向父母,而是转移到天花板上,或视线越过父母的肩膀看向远方。孩子在以自己的方式反抗非自愿的专注训练,这也就是说除非本人自愿,否则专注力训练并不能产生作用和效果。

在几组实验中,表现最差的,是那些放任自流,父母不闻不问,从来不给予反馈的家庭。当孩子从来不能获得关注和反馈时,即使孩子的自由没有被限制,他的专注力也会是所有分组中最低的。

通过实验,我们发现虽然孩子的专注力是天生的,但父母依然扮演着重要的角色。父母陪伴孩子的质量和方式,父母能否及时给予孩子反馈,父母对孩子的专注持有怎样的态度,都会决定孩子后天专注力的高低。

好的陪伴，是最有效的方法

父母陪伴是影响孩子专注力发展的关键因素之一，此外，家庭环境、日常习惯、亲子沟通、学习习惯等方面都在共同影响着孩子的专注力发展。

我们会发现，专注力虽然是一个单一维度，但孩子是一个复杂的动态发展的生命体。他是灵动的、多维的，就好像一颗种子能否生根发芽，长成参天大树，除了需要土壤，还要有雨水、阳光、周围的生态环境，甚至是音乐和关心。

总而言之，不专注的根源跟大脑神经系列活动有关，也跟心理和社会环境、教养方式、生活习惯息息相关。我们很难把专注力从孩子的生活中割裂出来，单独培训。即便对孩子进行相应的针对性训练，可能会产生一定的效果，但只有打通所有的关键环节，才能让孩子形成一个内在的积极循环。

如果你觉得你的孩子缺乏专注力，首先请你改变过去的态度，因为这一切都不是孩子的错，作为父母，我们应先自省而后育儿。虽然这是一本探讨专注力培养的书，但作为一名专注教育的分享者，我的终极目标是帮助广大父母培养出快乐、健康、全面发展的孩子。

我希望这本书会成为一个契机，让我们与孩子共同面对专注力缺乏的问题，并以专注力为一个切入点，全面思考家庭育儿模式中的种种陋习和问题，从而打造一个更有利于孩子成长的环境，让孩子的天赋获得足够的养分，让孩子有机会在未来成为真正的自己。

"不专注"孩子的四个特征

法国著名生物学家乔治·居维叶曾说："天才，就是不断地注意。"

不管是做学问还是做事业，抑或经营自己的爱好兴趣，专注力都是一个人必不可少的能力。对于孩子而言更是如此，在课堂上专注的孩子，可以更好地吸收知识；在生活中能够专注的孩子，可以更好地学习技能；在人际交往中能专注的孩子，可以更好地理解别人，表达自己，顺利地融入群体。

专注力如此重要，但鲜少有人专门去讲述如何保持专注力和培养专注力。我们先来辨认专注与不专注的界限，再一步步深入其中，从根源上理解专注力，帮助孩子和自己培养深度专注的能力。一般来说，缺乏专注力的孩子，会从专注力的持久性、广度、稳定性和分配性这四个维度表现出来。

特征1：专注力的持久性不好

首先，我们来看一下专注力的定义和标准。在日常生活中，我们常常会混淆注意力和专注力的概念，简单来说注意力的范围更广，它分为被动注意力和主动注意力，只有主动的注意力才能称为专注力，主动注意力才是孩子的专注力。

主动注意力是有目的性的，受人的主观意识调节和支配，也可以理解为我们平时说的主观能动性。比如，上课的时候听老师讲课，可以跟上老师的思维节奏，学会新的知识点和内容，这种能力就是主动注意力。又比如，阅读、搭乐高、练琴、学习一项新技能等是需要主观意识参与的活动，这种能力就是主动注意力。

被动注意力是指由某些特殊的、新奇的、强烈的刺激所引发的关注力停留。比如看手机、看电视、看电影，这种不需要费神，只需要接受信息刺激就可以完成。很多家长表示，自己的孩子不是不专注，而是只有在玩游戏、看电视的时候才入迷。这种可以称为"假性专注"，因为孩子并没有耗费精力，而是单纯地沉溺其中，属于被动注意。

在主动专注的基础上，我们再来看专注力的持久性，孩子的注意力会随着年龄增长而提高，缺乏主动注意力的孩子的突出表现就是专注时间短。

一般来说，2—3岁的孩子专注力持续时间为5—6分钟，5—6岁的孩子能专注10—15分钟，7—10岁的孩子能专注15—20分钟，10—12岁的孩子能专注25分钟，12岁以上的孩子能专注超过30分钟。

每个孩子的专注力起跑线是不一样的，这里面有先天的基因遗传因素，也有家庭环境、日常习惯、电子产品的干扰等各方面因素的综合影响。注意力时间短的孩子，几乎没办法安静下来做一件事，比如，玩玩具不到 2 分钟就不玩了，开始要玩手机、看动画片，反正就是无法长时间沉浸在一个事情里。

特征 2：注意力的广度不足

所谓注意力的广度，也叫注意力的范围，就是同一时间内一个人能够清楚觉察到的或认识的客体数量。一般来说，成人在 0.1 秒内可以辨认 4—6 个无关联的外语字母、4—5 个无关联的汉字。

注意力的广度会因各种条件而发生变化，注意的对象越集中，排列得越有规律，越能成为互相联系的整体，注意力的广度就越大。有的孩子只能一个字一个字地读书，而且阅读速度很慢，读完也不一定理解讲了什么内容；做看图说话的题时，常常会遗漏图画中的细节内容，那么孩子很可能是注意力的广度不足。

孩子注意力广度不足，还会表现在日常的观察能力上，在一辆公交车里，有的孩子可以迅速捕捉到一些细节，比如穿着红色衣服的老奶奶，贴在玻璃窗上的小锤子；有些孩子却浑然不知，无法关注到更多的信息。

注意力广度大的孩子，可以更好地融入新的环境，也是我们日常说的比较机灵的孩子，他同一时间摄入的信息流大于其他人，就相当于别人还在 2G 模式，他已经在 5G 模式。

特征 3：注意力的稳定性不好

注意力的稳定性很好理解，这个特征在课堂上尤其明显。有时孩子明明是在听老师讲课，但外面有人跑过，他就要探头去看看；旁边同学打开铅笔盒，他也要看看；前排的同学掉了块橡皮，他也要看，反正就是不能集中注意力。有些孩子，甚至听见别人写字的声音，也会因此走神。

注意力不稳定的孩子，对于周围的环境过于敏感，很容易被影响，无法专注在当前的任务上。也就是我们日常说的孩子容易分心和走神。如果从心理学角度来分析，实际上孩子是处于一种紧张的情绪中，对于任何风吹草动都要关注，以致他总是战战兢兢的，即使看上去他对外界的事情饶有兴味，但行为的内核是内心缺乏安全感。这个问题将会在第二章展开叙述。

当然，你会发现，即使是注意力不稳定的孩子，他的注意力对象也很关键。如果是他感兴趣的事情，比如搭积木，或者打羽毛球、溜冰，他往往能变得更专注一点。这也是我们培养孩子注意力的一个破冰点：从孩子喜欢的事情入手，逐渐建立他的注意力稳定性。你大概看过很多人用学乒乓球的方式来训练孩子的注意力，因此，如果能在孩子本来热爱的事情上进行训练，效果会事半功倍。

特征 4：缺乏分配注意力的能力

注意力的分配性，指的是一个人在进行多项活动时，可以合理分配自己的注意力，不至于丢掉某项活动，也不至于把所有注意力都集中在某项活动上。简而言之，就是一心多用的能力。

从本质上来说，人是单线程动物，一个人一次只能做一件事。像武侠小说里的周伯通那样能一手画方形一手画圆形的奇人是极少的。但人具备切换注意力的能力，特别多的事项中的一项可以用惯性来推动。比如，你可以边听歌边跑步；孩子上课是需要一边听课一边做笔记，顺便还要思考的。这项能力就是注意力分配的能力。

我们常常以为，孩子丢三落四是因为记忆力不好，其实是他的专注力不好，他没办法分配好自己的注意力，只能想着一件事，不是忘拿水杯，就是忘拿课本。

专注力分配能力不好的另一个表现是，当孩子做事被打断后，不能快速恢复到之前的状态。理论上我们倡导家长们不要随意打断孩子学习和玩耍，但被人打断是不可避免的，不管是小时候，还是以后在职场中。一个人的注意力能快速进行转移，并很好地稳定下来，是良好专注力的一个表现，反映出其思维的灵活性。

在了解了专注力的四个维度后，我们可以有意识地从持久性、广度、稳定性、分配性四个方面来检视孩子日常的注意力水平。认识问题和不足是做出改变的第一步，我们一定要做好这一点。

孩子"感统失调"怎么办

什么叫感统失调

对于很多家长来说,"感统失调"这个名词可能有点陌生。简单来理解,感统就是感觉统合,是大脑的一种功能。感统失调是大脑和身体不能协调发展,有时也被称为"学习能力障碍"。

1969年,美国南加州大学临床心理学家爱尔丝博士(J.Ayres)提出了感统理论。目前心理学上的定义为,感觉统合就是人体在环境内有效地利用自身的感观,从外界获得不同的感觉信息(视、听、嗅、味、触、前庭和本体觉等)输入大脑,大脑对输入信息进行加工处理并做出适应性反应的能力。

从运作原理层面来理解,感觉统合就是将人体器官各部分的感觉信息输入组合起来,通过大脑统合作用,完成对身体内外的知觉做出反应的一种活动。我们可以把感统划分为两大部分,感觉代表的是感官输入的信息，比如我们的视觉、触觉、听觉、平衡能力、行动能力等；统合就是大脑接受了一系列的信息后，进行判断和做出反应。

感统失调的孩子，常常是感受和统合方式无法协调，最常见的是注意力无法集中，小动作多，阅读困难，记忆力差，爱发脾气等。随着城市化进程发展，越来越多的城市儿童出现感统失调的现象。

其根本原因在于城市孩子与农村孩子的成长环境和方式不一样。专家表示，6岁是纠正感统失调的最佳时期，等孩子过了12岁如果依然无法纠正，感统失调可能会伴随孩子一生。

如何预防孩子出现感统失调

当我们努力培养孩子的专注力时，感统失调可以说是挡在这条路上的一座大山。为了移除这座大山，我们必须了解它的形成原因、表现方式和纠正方法。

首先，我们来了解一下，孩子为什么会出现感统失调呢？如何提前预防感统失调的情况出现？

感统失调的形成既有先天因素，也有后天因素。

先天因素包括：很多职场孕妈都坚持工作到临盆，缺乏运动，孕期胎位不正，胎儿的平衡运动不足，导致感统失调；剖宫产的婴儿，由于没有经历产道挤压，出生时没有活动刺激皮肤，因此身体协调性不如顺产的孩子。

后天因素包括：婴儿期爬行不充分。有些父母觉得孩子在地上爬比较脏，又担心孩子撞到家具，就让孩子尽量少爬，或者过早地依赖学步车。这种行为看似是为孩子好，实则剥夺了孩子锻炼四肢协调能力和平衡力的最佳机会。

城市孩子多由爷爷奶奶辈照顾，老人家带娃，经常会保护过度，同时限制孩子的各种行为，比如玩泥沙、用手吃饭、玩黏土等。甚至有的爷爷奶奶害怕孩子感冒生病，不让孩子跟同龄人玩，让孩子每天待在同一个地方，这样孩子的触觉系统、听觉系统、视觉系统都发育不完整。

当然，不仅爷爷奶奶带娃会有这样的问题，很多父母也会陷入同样的误区。我们可以对比一下，看看农村的孩子在这方面是什么样的：农村的孩子没有被精细地喂养，可能每天脏兮兮的，但是他们每天都能走街串巷，跟小伙伴们一起玩，他们更亲近大自然，在感觉统合方面更少出现问题。

家长也不必过度担心，感统失调的问题非常常见。大部分轻微的感统失调问题，会在孩子成长过程中逐渐修正和治愈。

但如果孩子出现以下六类症状，且情况较为严重，家长就需要带孩子到医院纠正。

第一种情况，孩子的前庭功能失调，主要表现为注意力不集中，出现攻击行为，平衡能力差，方向感不好，情绪不稳定，等等。

第二种情况，本体失调，一般的表现为孩子喜欢在座位上动来动去，做事时动作笨拙，自理能力比较差，肢体协调能力、平衡能力都不好，学不会骑单车。

第三种情况，触觉失调，孩子对触碰过度敏感或迟钝，不爱跟任何人接触，不喜欢被触碰，个性孤僻且胆小。

第四种情况，社交能力差，一紧张就啃指甲，容易紧张或情绪暴躁，老爱发脾气，到了陌生环境特别害怕，很难融入群体及交到新朋友。

第五种情况,视觉失调,主要表现为阅读困难,容易丢字漏字,写字看一眼才能写一笔,抄题目和数字会抄错,桌面乱糟糟的,不爱收拾。

第六种情况,听觉失调,语言处理能力不好,跟他讲话后,他需要很长时间来反应,或者一句话需要重复很多遍,跟读长句子有困难。

孩子感统失调，如何进行修正

感统失调应该早发现早干预早修正，具体该怎么做呢？

首先，孩子可以多进行运动练习，比如幼儿时期要有足够的爬行、走平衡木、玩蹦蹦床等。长大一点后，可以去爬山、跳绳、打排球、打羽毛球，练习四肢协调和反应能力，对于提升感统能力有很大帮助。

其次，在听觉能力方面，介绍几个实用的训练方法。由家长提问，让孩子来回答问题。比如，家长说一串数字，3899033909，让孩子回答"9"出现了几次；家长说一些词语，小猫、乌龟、大象、轮船，让孩子回答有哪些动物。再比如，家长正着说，再让孩子倒着说回去，一开始可以是一个词，慢慢就过渡成一句话。举个例子：天气，天气真好，今天天气真好。这些都比较简单，是随时可以让孩子做练习的，而且效果很好，如果经常练习，会比专门学习专注力课程还有效果。

最后，针对剖宫产孩子的感统问题，父母日常可以多抚摸孩子的皮肤，给孩子拥抱，牵孩子的手，通过接触慢慢地提升孩子的皮肤感受力。

所有的家长都希望养育健康快乐的孩子，很多时候我们受困于很多客观因素，比如，生育方式，孩子的成长环境，抚养人的选择，亲子陪伴时间有限……父母除了要尽自己的能力在家里对孩子进行行为纠正外，还可以去寻求专业医生的帮助，让孩子尽量在12岁之前恢复感统能力，为孩子的高度专注力打下坚实的基础。

被错怪的 ADHD"熊"孩子

当你走进一家幼儿园时，你会发现，有些孩子安安静静的，可以自己吃饭、玩游戏、搭积木，但有些孩子就一刻不能安宁，逗逗这个，戳戳那个，没办法在椅子上安静1分钟。对于这种坐不住的孩子，很多家长习惯性地说，这孩子就像有多动症似的。实际上，多动症是一种与孩子的专注力有关的精神障碍，而不是一个形容熊孩子的词语。

多动症的全称是"注意缺陷多动障碍"，也就是ADHD，它被定性为一种精神发育障碍，跟孤独症、智力障碍属于同一种类型。美国精神病协会发布的第五版《精神障碍诊断与统计手册》（DSM-V）指出，患有ADHD的人体内负责思考、计划、集中注意力、检索信息和保持专注的大脑区域不如常人活跃。

不同于其他精神障碍，患有ADHD的孩子常常被家长误以为是太调皮，无法控制自己。孩子无法专注的障碍被归结为叛逆和故意表现不好，实际上，孩子是没办法以自己的意志为转移而处于 ADHD 状态中的。

ADHD 的三种类型

患有 ADHD 的孩子，他的大脑在做无规则的布朗运动，一刻都无法消停。日常的表现为注意力分散，活动过度，情绪冲动，经常伴有认知障碍和学习困难。ADHD 可以划分为三类：

第一类是注意力缺陷型，也就是我们说的容易分心，无法专注。这种类型的孩子日常表现为：

（1）无法集中注意力，做事总是粗心大意。
（2）别人对他讲话，常常听不进去。
（3）无法按时完成作业，总是拖到最后一分钟。
（4）组织语言能力不好。
（5）不愿意收拾东西，做事没有条理。
（6）常常丢三落四，上学忘记带东西。
（7）容易被干扰，因外界的刺激而分心。
（8）日常健忘，记性不好。

第二类是多动冲动型，主要表现在肢体动作和行为上，会有以下比较显著的症状：

（1）在自己的座位上坐不住，坐立不安，动来动去。

（2）在不合适的环境乱跑乱动，或爬行。

（3）无法安静地读书和写作业，喜欢抠橡皮。

（4）说话多且急，喜欢打断别人讲话。

（5）没有一刻消停，就像装了"小马达"一样。

（6）安静地排队对他来说有困难。

第三类是前两类的结合，既注意力缺陷，又伴随多动冲动表现。

如果用"多动症"来概括 ADHD 是不太现实的，因为假如孩子很安静，但是容易分心，无法集中注意力，他可能是患有第一类 ADHD。患有第一类 ADHD 的孩子，长大以后会精神内耗严重，思维过于敏感，比一般人更容易出现抑郁和焦虑的倾向。

孩子为什么会患 ADHD

从神经学角度来看，人的大脑前额叶区负责注意力、冲动控制、决策能力等高级认知行为。人的大脑前额叶区发育成熟是个缓慢的过程，一般人的前额叶区会在 17 岁左右基本发育完成，并随着年龄的增长日趋成熟。小孩子没有控制力，容易分心，实则是有生理基础和原因的。

ADHD 除了与脑部发育有关，还跟神经递质和遗传相关，ADHD 患者的脑电图异常率非常高，慢波活动增加。患者的中枢神经递质产生代谢障碍，多巴胺和肾上腺素更新率低。ADHD还会高度遗传，遗传率高达70%—80%，我们可以确认的是ADHD有着先天性的生理因素。

如何纠正孩子的ADHD

孩子后天的成长环境也非常关键，家庭矛盾、学习压力、同学关系、生活节奏、缺锌缺铁等原因都会影响孩子的专注力和控制力。如果孩子或多或少有这样的注意力缺陷或多动冲动的行为倾向，如何衡量孩子的严重程度呢？

有一个简单的准则，如果不影响他的情绪健康，不影响他日常的学习和成绩，没有让他出现学习障碍、情绪障碍，或者没有出现偷窃、暴力、骂脏话等出格行为，那么日常的好动和不专心都是可以随着孩子长大慢慢纠正过来的。

但是，如果孩子有较为明显的ADHD行为特征，建议及时干预，可以到专业医院进行诊断，根据有执照的临床医生的建议进行药物治疗或行为治疗。

在日常生活中，父母也可以通过以下三个方面来进行干预：

首先，父母和孩子的照顾者之间要统一态度。对于孩子的正面行为，及时进行肯定和表扬；对于孩子的不适当行为，父母及照顾者要以身作则，带着孩子去改变这种行为模式。切忌不同的照料者采取不同的方式，比如，孩子吃饭要求看动画片，妈妈拒绝，但爸爸允许，奶奶只要孩子一闹就同意，那么孩子就很难纠正行为。

其次，改善家庭里的环境。环境对于孩子的行为会产生很大的影响，比如，本来孩子很想得到一个玩具，但是他没有零花钱，而家长的钱就放在桌面上，对孩子来说，他需要对抗更大的诱惑才能控制住自己不去拿钱。家长能有意识地整理好家里的环境，可以很好地帮助孩子避免一系列的犯错问题。再比如，孩子沉迷看电视，如果家里的客厅里不放电视机，孩子又如何会沉迷呢？

最后，建立正确的奖励机制。当孩子犯错时，不要急于惩罚孩子，而是站在孩子的角度去思考孩子的动机。比如，你发现孩子有偷东西的行为，在责备孩子之前先思考，孩子偷东西是为了引起家长的关注，还是因为确实缺少某些物品。

在教育孩子之余，思考孩子身上有没有一些闪光点，建立孩子的正向循环反馈。比如，家长可以说："虽然你拿了别人的东西，但你勇于承认错误，这是一件很了不起的事情。"以正确的奖励机制来取代负面的批评教育。

虽然 ADHD 是一种精神障碍，但也被称为"天才病"，像爱因斯坦、莫扎特等"神童"，小时候也曾经因为多动症被老师嫌弃。每个孩子都是独一无二的，有多动症的孩子思维更加敏捷，创造力更强，家长可以有意识地培养孩子用艺术创造的方式来抒发感受，比如画画、音乐、体育运动都是不错的选择。

在养育孩子的过程中，你会重新发现一份独属于童年的纯粹天真之美，孩子或好动或安静，充满奇思妙想，对世界充满好奇，他们似乎有用不完的精力，每天忙于探索世界。正因为每个孩子有天然不同的个性、倾向和喜好，所以未来才充满了各种可能性。

探寻孩子不专注的根源

1775年,德国医生梅尔基奥·亚当·魏卡德(Melchior Adam Weikard)首次提出多动症这种疾病,至今已经过去两个多世纪,根据科学家和神经学家的研究和临床案例分析,多动症作为一种精神障碍,被证实有着生理性基础。

所谓生理性基础,就是无法用意志来转移,就如天生有六根手指,或天然的发量,ADHD孩子的大脑的生理客观状态,决定了孩子的专注力无法集中。专家通过脑电图、CT、核磁共振等对多动症孩子进行观察与诊断,他们发现,缺乏专注力的孩子大脑前额叶区的血流量和脑电活动都非常少。

前文讲过大脑前额叶的功能和作用,它影响着一个人的专注力、决策力,你可以理解为这是一个负责理智区域的功能区,而这个功能区需要到17岁甚至30岁才能完全成熟。但ADHD孩子的大脑前额叶区域内的代谢低于正常儿童,他们天然地比正常儿童更缺乏控制力。

同时，ADHD 孩子的大脑枕叶区发育迟缓，该区域的 α 和 β 脑电活动功率比正常人低。简单来理解，ADHD 孩子的大脑功能比正常人发育迟缓，且这种迟缓不是孩子个人意愿，也不能自行调节。

面对平时写作业磨磨蹭蹭的孩子，吃饭要吃一个多小时的孩子，家长通常都会火冒三丈，觉得孩子就是淘气，就是不配合。在一些公共场合，我也常常看见很多家长在催促孩子，批评孩子做事磨蹭。了解了孩子的不专注有着生理性的原因，就像解开了很大的一块心结，原来并不是孩子故意使坏，他也是"迫于无奈"啊。

你应该了解到，很有可能你的孩子不是有意不配合，只是因为大脑发育迟缓，导致他无法专注和自控，家长的责怪和批评反而会加深孩子的自我否定，让孩子对自己缺乏信心。孩子的心灵是脆弱的，特别是由父母发出的评价，对他们的影响很大。

家长要处理好自己的情绪和表达方式，假如家长一怒之下讲出"连饭都吃不好，又能把什么事情做好呢"这样的话，说不定会成为孩子内心的一道阴影，让他对自己的专注和自控能力更加缺乏信心。

孩子从诞生到 16 岁，大脑都一直处于发育的状态，大脑影响着孩子的行为和表现，孩子的经历和生活也同样会塑造他的大脑，因此，专注力同样也受后天因素的影响。下面我们来逐一分析一下：

1. 剖宫产

自然分娩的婴儿，伴随着子宫收缩和产道挤压过程，全身的皮肤、头颅骨骼和肌肉会产生刺激，有利于激活大脑细胞，为出生后的第一次自由呼吸做好准备。剖宫产婴儿失去了天然的刺激步骤，更容易出现感统失调，对于这样的婴儿，尽量进行按摩、拥抱等皮肤接触，提升婴儿的皮肤感知力。

2. 饮食不健康

均衡的饮食不仅能帮助孩子长身体，而且对于孩子的大脑和情绪也有至关重要的影响。假如孩子摄入过多的糖，需要消耗体内的维生素 B_1 进行代谢，容易产生愤怒、暴躁、不安等情绪。同时，缺少铁和锌等元素，也会消减孩子的注意力。此外，当代孩子常常会出现营养过剩问题，过多的蛋白质摄入，高热量的炸鸡、薯条，各种各样的食品添加剂，也会诱发多动症。古语有云，"若要小儿安，三分饥与寒"，然而饮食的重要性常常被家长忽略，满足了一时的口腹之乐，却不仅影响孩子的身材，还影响孩子的大脑发育和情绪。

3. 包干型教养方式

现代社会大多家庭都是隔代照顾，由爷爷奶奶带大的孩子，要么只管吃饭穿衣，要么宠溺过度，盲目地满足孩子的一切需求。孩子长到小学四年级了，连鞋带都不会系，吃饭还得追着喂的，也不在少数。

过度的宠溺会让孩子失去独立做事的机会和能力，而专注力是在实践一桩桩小事的过程中慢慢养成的。这就是好心办坏事的典型案例。我建议所有的父母和照顾者在保证孩子安全的前提下，不必去担心，不要为孩子设立过多的规矩，不要不断地打断孩子做事，不要过度入侵孩子的个人成长空间，做一个安静的陪伴者即可。

4. 电子产品的过度使用

游戏、综艺、碎片式资讯可以给人带来源源不断的快感，因为人脑天生喜欢这种毫不费力的快乐，但长期下来，大脑便会处于一个闲置的状态，无法进行深度的思考、阅读和工作。

有一本书叫作《贪婪的多巴胺》，很好地阐述了多巴胺如何导致人对游戏和肤浅快乐上瘾。科技带来了生活的便利和多元化，但也给孩子的成长带来了一定的负面影响。从前孩子可以在田边看青蛙、看云、看鸟飞过，他们可以静下心来观察周围的世界。现在的孩子一眼看过去，没有一部手机很难让他安静地吃顿饭，这种把手机作为"麻醉品"的养育方式极大地毒害了孩子的大脑和心灵。希望各位父母可以为孩子设立玩电子产品的规则和时间，让孩子能受益于科技，同时不至于沉迷其中，无法发现生活中的美和乐趣。

5. 父母本身不专注

思考一个问题：如果孩子无法专注，其家长是否会专注？绝大多数的孩子都是在复刻父母的行为。如果家里的大人喜欢看书，那么孩子也喜欢看书。如果家里的大人天天玩游戏，小孩也离不开手机。以身作则，永远是最好的教养方式。

父母对孩子的影响是方方面面的，如果父母本身就没办法好好专注，孩子也无法习得专注能力。有些家长在旁边打游戏，却让孩子认真写作业，这不是天方夜谭吗？哪个孩子可以做得到呢？

懂得很多道理，却依然过不好这一生。很多家长都明白开卷有益，却一边要求孩子读书，一边自己疯狂玩手机，甚至还在家里组局打麻将。在这种家庭氛围下，假如你的孩子还能专心读书，那他必定就是万里挑一的"天使"。

有些父母自己天天焦虑不已，却希望孩子可以淡定自如，这怎么可能？要知道，所有的改变都要先从父母自身做起。若你足够专注阅读一本书，时间长了，你的孩子就会坐到你身边，像你一样专注地阅读，这就是榜样的力量。

最后，我们来小结一下，所谓专注的根源其实是生理上的大脑客观问题，ADHD孩子的前额叶功能区天生比正常小孩代谢慢，他们更难拥有正常的控制力。另外，后天的养育方式和生活环境也会影响孩子的专注力养成，父母可以从生育方式（如果可以选择的话）、饮食模式、养育方式、电子产品使用和父母自身的行为来进行改变和铺垫，为孩子营造一个更有利于专注的客观环境。

尊重孩子的特点：不专注是一种"天赋"

在这个追求效能的社会，专注意味着效率，意味着卓有成效地完成任务。虽然我们在前面阐述了专注的重要性和不能专注带来的一系列问题，但我们也必须了解任何事情都有两面性。

看见分散模式的价值

从人类的大脑天性而言，一切都是为了生存与繁殖。分散模式可以帮助我们识别环境中的威胁，预测未来的问题，让自己有更多的机会存活下去。相反，专注模式很容易使人陷入危险，毕竟物我两忘的心流状态对于生活在森林里的原始人来说，是很容易沦为野兽食物的。

这种天性注定了人类无法长时间持续地专注。对于现代人来说，能专注地学习、工作固然是好的。但人能够持续专注的时间是有限的。

以心理学研究为基础开发的番茄钟工作法，它的单位专注时间是 25 分钟，因为大多数人在持续做一件事 25 分钟后就开始疲惫，进入神游的模式。

扪心自问一下，上班是 8 小时工作制，你是会用 2 个小时全神贯注地进行深度工作，还是常常被各种琐碎的小事打断走神，或者被碎片式的小任务占据了大部分的时间？对于大多数人来说，一天能专注 1—2 个小时非常正常，能够持续专注 3—4 小时高强度工作的人，更是少之又少。

那么，专注以外的时间怎么办？人是有多种模式的，专注模式以外的分散模式同样拥有价值，甚至说是不可替代的。我们也常常听说，多动症的孩子有"天才病"，是因为太聪明，所以才会心思活络，管不住自己。其实，这样说不无道理。

专注模式有着超强的效能，我们的注意力汇聚在一个点上，无法思考关于过去和未来的问题，只能解决当前的任务。相对于专注模式，分散模式是最具创造力的模式。当你需要创造性地解决问题，制订关于未来的计划时，你的大脑需要处于分散模式，也就是有目的性地走神，这样才能让你的大脑从过去学过的、见过的知识和观点中搜查出可以帮助你解决当前难题的好创意。

心理学家本杰明·贝尔德（Benjamin Baird）、乔纳森·斯库勒（Jonathan Schooler）以及乔纳森·史默伍德（Jonathan Smallwood）做过相关的研究，他们发现，当意识分散的时候，人们可以穿越时空，将已知的东西、正在发生的事情及想要实现的目标连接起来，从而形成无法比拟的创造力、思考能力、反思自我的能力。

皮格马利翁效应

美国著名心理学家罗森塔尔和雅各布森曾经做过一个实验，他们发现老师对孩子的期望会直接影响孩子的成绩和表现。他们在奥克学校里对1—6年级的学生进行了一场测试，随机抽出了20%的学生，告诉老师这些儿童智力优异。8个月后，20%的学生在适应能力、求知欲和智力等方面均有提升。心理学上把这个叫作"皮格马利翁效应"，也称为"期望效应"。

最神奇之处在于，这个实验的对象并不知道自己是20%的优秀者，仅仅因为老师对他们有了不一样的期望和定位，就足以使他们在各方面有巨大的提升。期望的力量如此巨大，它的反向作用力也同样巨大。如果家长对一个孩子没有期望，充满负面评价，认为他学不好，没办法专注，即使再努力地去纠正孩子分心的行为，也于事无补。

相反，如果家长可以认识到分散模式的价值，理解每个孩子生而不同，发现孩子身上的闪光点，那将会为孩子造就一个截然不同的人生和未来。你会发现，孩子的每一种个性都可能是一枚金币，关键在于你如何去定义它。

容易分心的孩子，对周围的环境有着更强的洞察力，他能够发现别人忽略的小细节。比如，教室窗外的鸟巢，前排同桌衣服上的小洞。他对周遭充满好奇，也许在课堂上有点格格不入，当大家认真听课的时候，他发现了天花板上有一只蜘蛛，会思考它为什么能悬挂在空中吐丝，沿着自己吐的丝往上爬。这样的孩子跟被苹果砸到脑袋的牛顿有啥不同呢？

如果你的孩子坐不住，没一刻能够消停，那起码说明他是一个精力充沛的小孩。他的健康促使了他有源源不绝的活力。一个没办法长时间停留在一个想法上的孩子，他的大脑是极度活跃的，他的联想能力、思考能力和想象力高于常人。假如你在担心你的孩子想一出是一出，那说明他的心里装满了奇思妙想，且开始自发地去实践和尝试，这是珍贵的创造力的开始。人类的创造力正是来自细微的观察和思考。

同样一个孩子，你可以认为他是无法专注的熊孩子，也可以认为他是一个精力充沛的小精灵，你的期望效应会影响这个孩子未来的发展方向。因此，请家长们谨言慎行，好好地保护孩子身上的羽毛，用爱的力量引导他们成长。

第二章

稳定的家庭关系是专注的基础

破坏孩子专注力的四大家庭因素

当孩子成绩不好，上课不认真听讲，每天做作业都鸡飞狗跳时，父母的第一反应是，我们是不是有什么事情没有做好？是不是没有给孩子报班？是不是我们日常太放任孩子，疏于管教？当代父母都极其重视孩子的教育，他们大多数都了解到一个概念："孩子的问题来自父母、来自家庭"。

事实上，有时并不是家长少做了什么，而是多做了什么，导致孩子的专注力被破坏。究其根源，孩子在成长过程中，每个日常细小的习惯，那些看似不起眼儿的事情，都在不断地打磨孩子的行为模式，改变孩子的专注能力。

《认知觉醒》里有一句话："真正的行动力高手不是有能耐在同一时间做很多事，而是会想办法避免同时做很多事。"任何一个望子成龙、望女成凤的人，都需要学会给孩子建立一个专注的环境。这个环境氛围分为内在因素和外在因素。我们先来看内在因素，主要包括以下三个破坏孩子专注力的行为，希望每位家长都可以从此避坑。

1. 打断孩子

在内在因素中，伤害性最大的一个行为是，孩子写作业时，父母在旁边指正。你会发现，你越是纠正，孩子写作业就会越磨蹭。你越是帮他检查作业，他写作业时就越粗心大意，最后事情会发展成你不回家孩子干脆就不做作业了。

父母陪孩子写作业的行为让孩子产生了依赖感，同时也扰乱了孩子独立自主完成作业的环境，让孩子习惯了得有人陪着才能写作业。这个行为最终酿成的苦果，相信父母们都能理解。

我们常常听到一个词——"刻意练习",其实就是通过重复的训练建立某个神经元回路。比如,你每天习惯早起阅读1小时,你的大脑就自然越来越擅长阅读,甚至调整好状态,每天到点就预备着沉浸式的阅读。

当孩子思考时不断被打断,即使父母只是善意的提醒,或者嘘寒问暖,孩子的大脑专注回路也无法形成,相反他的大脑会处于一种卡顿的模式。这就是为什么有些孩子思考问题会很困难,有些孩子却思维敏捷。

大人打断孩子思考的情况常常出现,比如,孩子在专注画画、搭积木时,家长偏要参加,甚至指导孩子如何搭积木,这一条线如何画,要填什么颜色……渐渐地,孩子失去了做事的主动权,成为你的"工具人",他还会开心吗?所以,请停止这种行为。你应该成为一个及时反馈的陪伴者,而不是领导者。

2. 样样过问,事事代劳

有些家庭从小就太宠溺孩子,不管是吃饭还是穿衣,家长都要为孩子事事代劳,不舍得让孩子干半点活儿。在隔代养育的家庭里尤其严重,孩子本来能好好地吃饭,奶奶非得拿着个饭碗追着孩子给他喂饭不可。

三四岁的孩子明明可以独立穿衣服,可是大人总觉得他不会,每天为孩子穿衣服。本以为这是"爱"的表现,事实上却是对孩子无形的伤害。

孩子的专注能力从哪里来?从做事中来。那些在大人看来是很小、很简单的事情，即使孩子做得很慢，甚至很笨拙，那也是孩子锻炼动手能力、自我成长、学习专注于一件事的过程。假如孩子从小什么事情都不用做，没有机会做，那无疑是剥夺了孩子培养动手能力的机会，也让孩子的专注力得不到充分开发和提升。

3. 常常催促孩子

孩子的节奏和大人是不一样的，要知道我们都是带着二三十年的经验在生活的，而孩子却是一张白纸。他们可能绑一个鞋带要花5分钟，但大人3秒就绑好了。这种情况下，很多急性子的大人就会非常着急，一直催促孩子"快点""快迟到了""别磨蹭"。

孩子本身是不浮躁的，非常平和，且对生活充满好奇和洞察力，而大人的催促会把自己的浮躁和焦虑情绪传染给孩子，让孩子产生巨大的压力。举一个简单的例子，早上孩子要出门上学，几乎每个家长都会进行无数次的催促，"刷牙了吗""戴红领巾了吗""快点吃早餐""快点穿鞋""快点背书包"，每天都是人仰马翻的，大人累，孩子更累。

我有一个很好的方法可以分享给大家。我们家娃平时也是磨磨蹭蹭的个性，我在他很小的时候就开始培养他的时间观念。比如，距离我们出门还有30分钟，我不管他怎么安排自己，反正30分钟到了，我们就得出门，他得自己安排好时间。很多家长可能会担心，迟到了怎么办？事实上，孩子并不会每一次都迟到。假如他迟到了，那就更好了，老师会告诫他，下次注意。

每天在父母的催促中慌乱地做事情，一来会破坏专注力，二来会造成情绪紧张。与其让这两种伤害长期积累，还不如让孩子尝尝管理不好时间的苦果，然后肩负起管理自己时间的重任，自发地养成好习惯。

如果说以上几点是内部环境的影响，那么家庭环境和氛围就是外部环境。外部环境的影响也至关重要，其中伤害性最大的行为是，家人之间吵架，让孩子处于一个不安稳的、焦虑的环境中，孩子会失去安全感，自然无法专注学习和做事，每天战战兢兢的。

其次是家庭环境很杂乱，各种物品乱放，一眼看过去，哪个东西都可以吸引孩子的注意力。那么应该怎么办呢？精简物品，让家里变得井井有条。有兴趣的家长可以看看《断舍离》，这是关于整理物品的一本书，会让你对物质需求有一定的思考。

另外，大多数家庭有一个陋习，家里一直开着电视机，不管是什么战争片还是家庭肥皂剧。这样的话，孩子很容易被电视吸引住。孩子的大脑更喜欢不假思索地接受刺激，时间长了，孩子的大脑就变得懒惰了，专注做事会变成一件困难的事情。因此，保持一个安静的外部环境，不要人为地制造障碍也很重要。

孩子的安全感来自童年的家庭关系

第一次上幼儿园时，每个孩子的表现都各有不同，有些孩子会开心地去观察新环境，发现有趣的事物，在幼儿园跑来跑去；有些孩子却会紧紧地跟着父母，害怕接触老师和同学，爸妈走的时候还会哭得声嘶力竭。这也是我们常说的"分离焦虑症"。是什么造成孩子面对分离会有不同表现呢？除了天生的内向和外向性格外，孩子出现分离焦虑主要是由于缺乏安全感。

内心缺乏安全感的孩子，面对陌生环境，会自发地去寻求父母和照料者的保护，在他们看来，外面的世界充满了危险和不确定性，因此他们的内心时常是不安的。

这份不安还会影响到孩子的专注能力。进入专注状态需要全然地忘我，而人类的自我保护本能驱使个体需要确认自己始终处于一个安全的状态，因为只有内心觉得安全，人才可能集中精神专注于眼前的任务。

有一个很常见的现象，在常常吵架的家庭里，孩子一般成绩不太好，作业也常常写不完。为什么呢？因为家庭成员常常在孩子面前吵架甚至打架，家里整天是硝烟四起，让孩子感觉到有危险和不确定性。试问你身处战场，又怎么能拿起针来绣花呢？

美国脑科专家约翰·梅迪纳曾说过，人的大脑只有解决了"安全问题"之后，才会进入"学习"和"探索"的模式。那么怎么来解决这个问题呢？如何培养孩子的安全感？孩子需要确认父母是稳定存在的，才能专注于自身的发展，在心理学上这叫作"客体稳定性"。

一般来说，2个月以内的婴儿处于一种混沌的状态，他的专注力只能维持1—2分钟甚至几秒。母亲凝视、抚摸婴儿的时候，母亲的爱让婴儿首次体验到一种专注的链接。通过这种亲密的互动，婴儿初次体验到专注力的状态，并逐渐延展到其他事物上，开始专注于玩具、音乐，或观察事物。

从心理学上来讲，客体稳定性是指维持客体稳定形象的能力，特别是维持母亲的稳定形象。心理学研究显示，孩子在1岁半左右才能形成客体稳定性，就算把一个物体从他眼前拿走他也不会慌。但在那之前，他会认为一个物体不见了就是彻底消失了。躲猫猫这个游戏，就是因为孩子拥有客体稳定性，因此可以玩下去。

情感客体的稳定性基于妈妈（照料人）与孩子有高质量的关系，3岁左右形成情感稳定性，就可以拥有抗打击的能力，因为他知道有人会持续无条件地爱他。只有当内在有一个爱的客体住进来时，人才有了承受孤独的能力。

这份承受孤独的能力，就是我们常说的独处的能力，而专注正是一种独处。一般来说，随着年龄的增长，孩子会一次次确定父母的稳定存在，反复确认父母对自己的关注和重视，从而逐渐获得独处的能力，建立起自己的一个小世界，将全部的专注力放到事情中去。

假如在成长过程中，孩子感受不到父母的稳定性，也无法确认父母对自己的爱，孩子就会缺乏安全感。缺乏安全感的孩子，这一生没有办法走得更远。不管他们是上学读书，还是结婚生子，始终要频频回头看父母，去寻找内心一直缺乏的安全感。

我有个朋友是独生女，她从小就没有吃过什么苦，父母非常爱她，她是在心灵富足的状态下长大的。长大以后，她放弃了家里安排好的铁饭碗工作。一个十指不沾阳春水的公主，为了自己的电影梦，去北京闯荡，一个人找房子，一个人找工作，一个人解决各种问题，她的勇气正是来源于内心的安全感，而这份安全感是她的父母在童年时给予她的。

那么，我们具体要如何建立孩子的安全感呢？希望大家可以做到以下三点：

1. 做好分离期的过渡

孩子0—6岁有三次分离期，要在关键时期培养孩子面对分离的能力。第一次是断奶，第二次是上幼儿园，第三次是上小学。每一次的分离，都是为了孩子未来能走得更好更远。

有一个著名的心理学实验，实验人员用布和铁做了两个猴子妈妈的模型，分别让小猴子去选择没有奶水的布妈妈和有奶水的铁妈妈，他们发现小猴子在吃饱了以后，都会选择投入布妈妈的怀抱，因为小猴子更需要柔软的布妈妈给予的安全感和心理抚慰。

同样，在断奶期，母亲跟孩子的亲密联系并不是消失了，而是以另一种不依赖于母乳的方式重新建立，妈妈可以多抱抱孩子，给予安抚和关注，帮孩子度过断奶期。上幼儿园和上小学也是一个循序渐进的过程，如果父母能保持高质量的陪伴，让孩子充分感觉到关注和肯定，孩子就能顺利地度过分离期。

2. 做情绪稳定的父母，尤其妈妈的情绪很重要

即使在婴儿期，孩子对周围人的情绪感知能力也很强。你有没有发现，当你心平气和的时候，婴儿就很容易被哄睡；当你焦躁不安时，宝宝也会一直闹腾。这就是情绪的感染力。

喜怒无常的父母对孩子来说就是一场灾难。如果有时候你真的控制不了自己，可以尝试去个洗手间，或者深呼吸。如果实在控制不了情绪，可能是因为你太疲惫，压力太大。其实，你不用强迫自己每天都按时回家辅导孩子。建议父母先处理好自己的情绪问题，再陪伴孩子。

3. 处理好家庭成员之间的关系，不要在孩子面前争吵

如果家里人每天都剑拔弩张，那么孩子肯定也无法安定下来。婆媳之间、夫妻之间有什么矛盾，最好心平气和地解决，如果实在不行，起码不要在孩子面前吵架，这是作为大人该做的功课。

专注力是一个人直接连接事物本质的能力。专注力的源头，是内心稳定，并且确认自己被爱着。

安全感的培养从孩子诞生的那一刻起就已经开始，儿童教育专家胡萍老师说，1岁半之前是孩子构建安全感最重要的阶段，安全感是孩子认知世界的基础。希望家长们都能做好自己的功课，给予孩子充分的安全感，这不仅是为了培养孩子的专注和独立能力，也是为了孩子一生的心理健康和未来考虑。

关于隔代教育，你必须知道的三件事

说起隔代教育这个问题，很多人大概都有苦说不出。假如不是迫不得已，谁又想把孩子交给祖辈带。很多人为了生计，不得不把孩子留在乡下，自己远走他乡，这也是无可奈何的事情。

在我国的特殊国情下，隔代教育是无法避免的。爸爸妈妈上班，孩子的上课时间又跟父母不一样，上学放学没人接送，作业也没人辅导。全部在学校托管能解决一部分的问题，但周末呢？各种假期呢？还有生病发烧呢？假如没有个老人家搭把手，基本上双职工的父母连一个孩子都没办法兼顾好。

现在很多孩子都是从小由爷爷奶奶带，到了小学来到父母的身边，但是孩子和爸妈不亲，而且生活习惯不太好，连讲话的口吻都跟爷爷奶奶一样。因为平时爷爷奶奶溺爱，父母稍微一批评就发脾气，或者不讲话，把自己关在小房间里。有些奶奶还常常挑拨离间，老问孩子是更喜欢妈妈还是更喜欢奶奶，这又让孩子处于一个左右为难的处境。

作为一个颇有经验的教育从业者，关于隔代教育，我认为大家必须了解以下三个事实。了解了可能存在的问题后，才有可能找到应对的方法，不然永远都只能停留在"我知道隔代教育不好，但我这也不是没办法吗"这样毫无对策的状态里。

第一个事实：抚养人其实就是心理意义上的父母

很多家长都觉得，孩子还很小，不懂事，他们为了自身的事业或独处的需要，当甩手掌柜，把孩子交给爷爷奶奶来带。除了某些不得已的原因，我建议所有的父母尽可能多地陪伴孩子长大，因为孩子的抚养人就是孩子心理意义上的父母。别以为孩子是你生的，他就会理所当然地与你产生深厚的情感纽带。

隔代抚养的一个很大的坏处在于，孩子不得不常常面对分离。在幼年时，孩子需要稳定的陪伴者，不管是日常的照料，还是情感上的陪伴。不管是爷爷奶奶带，还是妈妈带，在主要照料者转换的过程中，都应该避免突如其来的分离。

假如你产后一直在自己带孩子，准备在孩子六个月后去上班，那么你应该提前让孩子的奶奶或者其他主要照料者跟孩子建立一些亲密的接触，比如让他们逐步帮忙哄孩子睡觉，给孩子洗澡，陪孩子玩，让孩子有一个熟悉和过渡的过程。

有很多孩子从小在老家长大，到了上学的年龄就被接到父母身边，也算是一种突如其来的分离。孩子要离开熟悉的爷爷奶奶或者外婆外公，来到一个截然不同的环境生活，同样需要家长提前对孩子进行一个过渡和心理建设，帮助孩子逐步适应新的模式。

第二个事实：看清抢夺式教育的弊端

有些婆媳之间本来就问题很大，互相看不惯，而孩子就成了各种问题的导火线。就一个很简单的问题，比如，孩子能不能看电视？孩子睡觉之前刷不刷牙？老一辈觉得没关系，反正乳牙要换，可以不刷牙，自己省事，孩子也高兴。但妈妈的理念和教育不同，觉得这些都是坚决不能养成的坏习惯。

请不要在孩子身上解决大人的问题，妈妈和奶奶的权利斗争，不要过渡到孩子的教育方式上。当大人各有各的说法和行事习惯时，孩子会有很大的困扰：我到底该听谁的？我应该更倾向于让自己有利的那个人吧？因为爷爷奶奶让我看电视、吃甜食、玩游戏，但妈妈不让。还是应该跟父母亲近？

我建议这种时候爸爸要发挥自己的调解作用。家庭成员在这之前应该明确好哪些事是可以做的，哪些是不可以做的。同时通过家庭会议，确定一些基本的原则。比如就孩子看电视的问题，确定好孩子什么时候可以看电视，一次看多久，看什么内容，等等。一旦确定原则后，不管谁带孩子都必须执行一样的管理模式，让孩子能够建立一个协调的生活习惯。

作为孩子最亲密的人，一般来说妈妈肩负起了对孩子的决策和最终责任，因此在一个健康的家庭关系中，家庭中各成员应该配合妈妈养育孩子，而不是每个人各有一套说法，让妈妈的权威无法建立，导致孩子成了一个投机的"墙头草"，谁给好处跟谁好，谁也无法管得住他。

第三个事实：隔代溺爱的根源和影响

为什么会存在隔代溺爱呢？爱小孩大概是一个人的本能，也是生物繁衍的本能，但隔代溺爱多多少少存在着时代的诱因。究其根本，我们这一代人的爸爸妈妈，他们在动荡的年代长大，又经历了社会的变迁和经济的高速发展。

很多祖辈当年没法给孩子好的照顾和物质，现在经济条件好起来了，生活水平也提高了，他们就自然想弥补在孙辈身上。他们的溺爱主要体现在两个方面。

首先是物质，包括食物和经济的过度满足。有些祖辈对孩子是有求必应，想要什么好吃的，即使是垃圾食品，也会给孩子买。当孩子长大一些后，常常给孩子过多的零花钱，甚至用金钱奖励来拉近彼此的关系，让孩子主动亲近自己。这让孩子形成了通过讨好他人获得好处的行为模式，一旦撒撒娇或者哭一哭就什么愿望都能实现，这样的孩子缺乏自力更生的心理基础，因为他从小就习惯了"不劳而获"。

其次是，什么都帮孩子做好。看似是对孩子的爱，实际上是剥夺了孩子做事和成长的机会。有些孩子到了小学四年级还不会系鞋带，多半都是家里的老人宠坏的。

虽然隔代的溺爱看似非常温馨和谐，但他们对孩子的照顾，常常停留在吃饱穿暖的状态，却对孩子的心理健康无能为力。

培养一个心理健康、性格开朗的孩子是一件任重道远的事，需要全家人的通力合作。对于孩子的分离焦虑、日常养育问题，以及隔代溺爱现象，父母应该防患于未然。本质上，每个人都是爱孩子的，说不定这也正好成为一个与祖辈沟通的好契机！

六个技巧，打造专注的家庭环境

家是孩子的第一所学校，孩子从小身处的环境、生活方式、行为习惯会影响孩子的状态。家长往往聚焦于孩子做事的方式，而忽略了环境给孩子带来的影响。如果说安全感是一种心理支持，那么好的家庭环境就是强大的物理加持。家长们可以从以下六个方面改造家庭环境，为孩子提供物理性的空间支持。

1. 保持干净整洁的家庭环境

家庭环境的整洁干净可以让孩子更好地集中注意力，同时避免细菌的滋生。家是孩子的第一个学习场所，如果在孩子出生并产生意识之后，目之所及都是脏乱的环境，以后孩子也没办法学会收拾。外在物品的有序归置和内在心灵的秩序是一起影响成长的。

相信各位也深有同感，每次收拾完家里以后那种一尘不染的感觉，扔掉无用东西之后那种轻松感，会让人感到非常愉悦，这就是环境的力量。假如有时心情不太好，不妨尝试做一次大清洁，会让你获得前所未有的舒适，也能给孩子做好榜样，让他以后成为一个爱干净、懂收拾、有条理的孩子。

2. 把客厅的电视柜换成书柜

美国华盛顿大学的一个研究小组发现，如果一个孩子从小开始看电视，出现注意力障碍的概率会比不看电视的孩子高出10%。一系列的注意力问题大概会在7岁以后显现。

很多家长把手机和电视当成控制孩子的法宝，也只有孩子看电视的时候能保持安静，不吵不闹，这不仅是对孩子大脑和专注力的伤害，也是对孩子视力的伤害。

对于孩子来说，动画片切换画面，让人目不暇接，孩子的大脑只能被动接受画面，而无法进行同步的思考。孩子看似很认真地在看电视，事实上，他的脑子已经被电视支配，没办法独立思考。

3. 有条件的话，给孩子一个独立支配的房间

孩子大概在4岁的时候开始意识到男女之间的性别差异，建议孩子跟父母分开睡，有助于孩子形成独立的人格。当孩子有了自己的房间后，就有了锻炼自己铺床、收拾衣柜、叠被子、整理房间物品等可

能性。对于孩子来说，是一个非常好的锻炼机会。

关于孩子房间的布置，不宜物品过多，或者因为宠爱而将房间布置成一个玩具房，要记住保持物理空间的秩序会形成一种习惯，特别是在孩子小的时候。井井有条、干净简洁是最有利于孩子建立秩序的。为了鼓励孩子独立睡觉，父母也可以听取孩子的想法，与孩子一起装扮自己的房间。独立的房间是孩子独立的空间，是孩子第一个进行独处练习的场所，对于孩子的成长来说意义重大。

4. 专属学习空间

很多妈妈跟我抱怨，别人 30 分钟能写完的作业，自己的孩子几乎要一天才能完成，一会儿上厕所，一会儿肚子饿，一会儿玩玩具，就是没办法集中精力先把作业写完。想要解决这个问题，除了进行专注力训练，打造一个专属的学习空间也是一个很好的方法。

学习空间应该避免设在人来人往的地方，比如饭桌，或者随意搬个小板凳就开始写作业，这对于孩子良好体态的塑造和注意力集中都有负面影响。假如孩子有自己的房间，习惯在房间写作业是一个不错的选择。如果孩子没有自己的房间，固定在书房或者书桌写作业也是不错的，书桌可以固定在一个地方，避免人来人往。

在这里有一个建议，对于孩子的书桌和椅子的选择，要注意符合孩子的身高，如果桌子过低，孩子容易弯腰驼背；如果过高，手臂和肩膀又会很紧张，桌椅间比较合适的高度差为 25—30 厘米，有助于孩子保持良好的坐姿和保护视力。

5. 打造一些功能性角落

除了固定写作业的地方，还可以为孩子打造一些阅读和玩耍的空间，让孩子只要在那个位置坐下来，就自然地拿起手边的书开始阅读，从而形成一种条件反射，压根儿不需要耗费大量的意志力来搏斗，就可以开始学习。

同样的道理，如果孩子喜欢画画，或者喜欢拼积木，也可以为孩子留一个区域，专门用来做这些喜爱的事情，去掉多余的玩具和装饰，尽量简洁有序，为孩子打造一个沉浸式的专注环境，这样可以更好地帮助孩子训练注意力。

6. 保持家庭环境安静

孟母三迁的故事大家应该都知道。一个合适的环境，对孩子的情绪、专注力和习惯都影响深远。但很多人会忽视另一个环境——声音环境。

当孩子在房间好好写作业时，外面的人正在看搞笑的综艺节目，或者父母在打麻将，这些声音都大大地影响了孩子的注意力集中。

根据相关研究显示，就算是播放轻音乐，也会影响人的专注力程度，特别是孩子的注意力容易游走，因此在家里有必要保持一个较为安静的声音环境，特别是孩子在写作业和专注做事的时候。

培养孩子专注力的五条家规

作为一名教育博主，我经常被问到一个问题，孩子专注力到底该如何培养？像我们前面分析过的，大家关注的不应该只是培养，而是如何不破坏孩子的专注力。其实一个孩子一生下来是具备天然的专注能力的，只是因为家长不解其中缘由，无意中就频繁干扰孩子的专注力发展，让孩子原生自带的专注力被破坏了。

我曾看到哥哥家的孩子在写作业时，他爷爷搬了个小板凳坐在旁边，很认真地告诉他那个"5"写错了，还帮他用橡皮擦掉。这很可能也是大家辅导孩子的常态吧。但你知道吗，这里面就隐含着三个破坏专注力的行为。

首先，没有为孩子塑造专注的场景。

孩子写作业不应该在客厅进行，客厅是一个家人员流动最频繁、最嘈杂的地方，人来人往，容易分散孩子注意力。在这种环境下，孩子会形成一种条件反射，一写作业就变得心神不宁，因为他从小就是在这样的环境里写作业的。

其次，边写边指导会干扰专注力养成。

虽然爷爷在旁边看似好心指导，而且非常细致，又是指出错误，又是帮忙擦掉，但是孩子需要分出一部分精力来应对他的指导，因此就会分心，没办法沉浸在独自专注写作业的状态里。其实，这种指导大可在作业完成后进行。

最后，孩子写作业的状态不好。

虽然我们常说什么凿壁偷光之类的励志典故，意思是不管环境多么恶劣，都要勤奋学习，但我的建议是，无论家庭有没有条件，从孩子开始写作业那天起，就应该配备专门的书写桌椅，一来可以培养孩子良好的写字姿势，二来桌椅能形成一个小环境，辅助孩子进入写作业的状态，促进孩子的身心发展。

玛利亚·蒙台梭利博士说过："孩子最好的学习方式，就是聚精会神地学习。"家庭是孩子成长的最重要环境，影响孩子成长的因素也往往藏在一个个细节里，作业如何写，每天起床做什么，如何度过闲暇时间，甚至孩子做家务的方式和模式，都在一点一滴地塑造着孩子的未来。

反过来思考，如果家长可以充分利用家庭教育，为孩子塑造一个有利于专注、保护孩子注意力天性的环境，那么孩子多半不会成为一个只有三分钟热度、凡事浅尝辄止、上课无法集中精神的小孩。

那么，我们具体该如何来用家庭教育影响孩子呢？除了避免前面提到过的三个行为"没有为孩子塑造专注的场景，边写边指导会干扰专注力养成，孩子写作业的状态不好"，我建议每个家庭都设立以下五条家规：

1. 父母需给予孩子正面的评价，而非负面否定

语言是有暗示作用的，父母千万不要给孩子贴上专注力不好的标签。大人间的闲聊和评价，一直在默默地影响着孩子，小孩一直小心翼翼地竖起小耳朵，留意着父母的评价。所以，请不要逢人便说"我家孩子专注力不行，做事马虎不认真"。

从今天起，改掉这些话，不要给你的孩子灌输负面的自我认知。家长可以把这些担忧的话换成"你今天比昨天有进步了""你的专注力越来越好了"等正面积极肯定的话语。

2. 高效陪伴孩子，不要伪陪伴

陪伴是最长情的爱，也是最有效的专注训练。虽然很多家长下班以后已经累趴下了，但是你每一次的陪伴，即使只有 30 分钟，对于孩子的影响也会是颠覆性的。模仿是孩子学习知识、培养习惯的最佳途径之一，当你多陪孩子做一些需要投入时间和精力完成的事情时，比如做一次精美的手工，一起动手准备一顿晚餐，孩子的专注能力就会逐渐提升，同时也能促使亲子关系更加融洽。

当我们陪伴孩子时，就高效陪伴，不要伪陪伴。当你陪孩子读书时，手机在旁边，来一条信息，你马上看一下，或者接个电话，这些

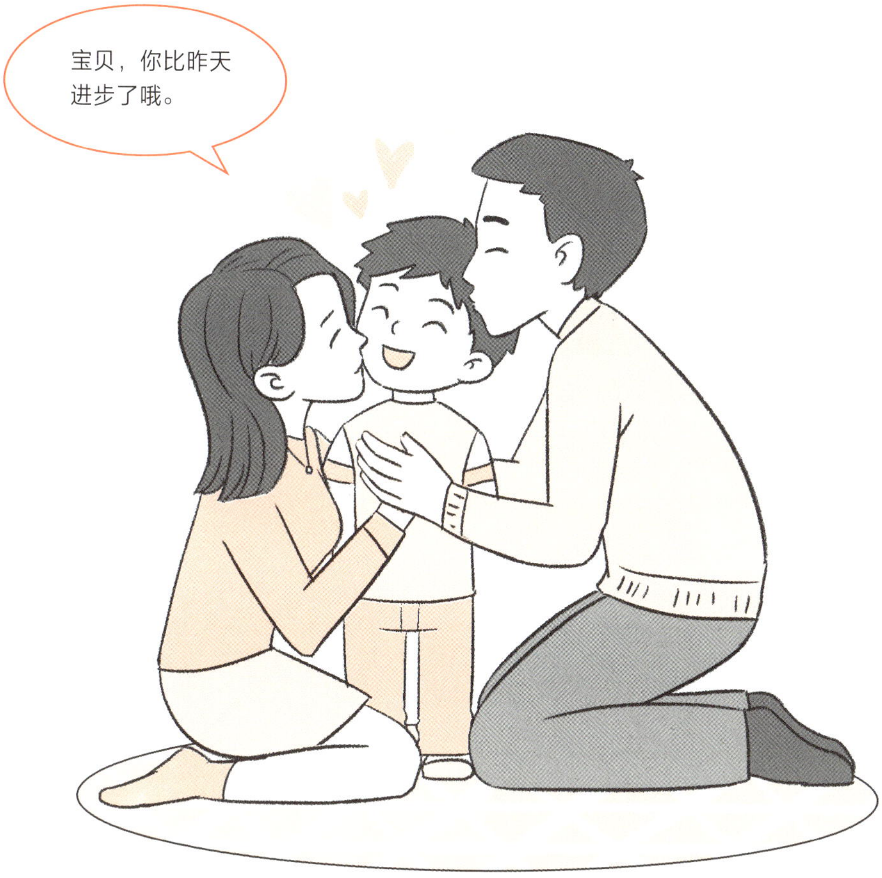
宝贝，你比昨天
进步了哦。

小动作看起来只是暂停了陪伴孩子的行为，事实上也中断了培养孩子专注力的过程。这样的陪伴，还不如不陪。

3. 少买玩具

现在很多孩子都会被指责对玩具三分钟热度。其实，直接原因就是孩子的玩具太多。当孩子在同一时间面对很多玩具的时候，注意力很难集中。就好像你忽然到高级酒店吃自助餐，面对多样化的食物，你很难悠闲地去品尝一道菜，而是想尽可能地多吃多尝试。

玩玩具也是同样的道理，如果一开始只有一种玩具摆在面前，孩子就会动脑筋，想尽办法玩出更多的花样来，因为没有其他玩具干扰，专注力也会集中起来。另外，建议家长给玩玩具定个规矩：一次只拿一个玩具，玩好了再放回去。

4. 吃饭时不要看电视

很多家庭都习惯边吃饭边看电视，不管是大人还是小孩。每个人一个时间内只能专注一件事，如果你同时做两件事，那代表你的注意力不断地在两件事情上切换，所以，应该避免让孩子同时做两件事甚至三件事，这是非常不可取的一种习惯。

同样的道理，一边写作业一边听音乐也是不可取的。相关的专注力实验表明，就算是听纯音乐也对人的专注能力有影响。我们可以反思自己日常的工作状态，你明明在认真地写一份报告，但是其间有几个电话打过来，虽然都不是需要动脑的简单回复，但是你要重新回到原来的报告上总是觉得很困难，本来如流水一样的思绪已经枯竭了，要进入这个项目，又要花费时间重新调整自己的心情。

心理学上有一个叫作"注意力残留"的概念，简单来说，就算你已经写完一份报告，但你的心和思想依然在那份报告上面，需要一段时间才能从那上面离开。因为，不断地切换不同的事项，对工作效率和注意力保护都有非常大的影响。

我们常说，父母跟随孩子一同成长。家长学习如何保护专注能力，不仅能保护孩子的专注力，自己也能够从中获益，这才是共同成长的真谛。反过来说，也只有父母懂得了专注的重要性，给孩子做一个好的榜样，为家庭营造一个好的氛围和专注空间，孩子才有可能建立强大的专注能力。

5. 一次只给孩子一个任务

上学的孩子，每天早上都是焦头烂额的，妈妈先是催促他穿衣服，然后袜子还没穿好，又让他去刷牙，还问他吃什么早餐，甚至还拿着毛巾给他洗脸……这种看似简单的任务，像洪水一样把孩子淹没，把本来美好的早晨和孩子的专注力一同毁掉了。

我建议各位家长每次给孩子一个小任务，如果你担心孩子动作慢会迟到，那就让他迟到，被老师批评以后，孩子自然比你更懂得如何抓紧时间做事情。不然老母亲永远有操不完的心。

我们需要知道的关键点是，专注力被破坏掉的孩子，不管是成绩、兴趣爱好，还是做事的能力和热情，都会慢慢被磨灭，这种打击是毁灭性的。因此，从阅读完这篇文章开始，请你做好孩子专注力的保护者，成为一名不强硬干涉孩子、能为孩子及时提供积极反馈的陪伴者。

你们发现了没有，我的这些家规基本上都是为家长设立的，这也是对家庭教育的一种刻板印象的扭转。很多人都觉得教养孩子就是要管教孩子，为孩子设立规则，事实上，父母才是更需要守规矩的人，只有父母把自己的"分内事"做好了，孩子才可以无忧成长。

第三章

孩子专注力的重建方法

把握 3 岁半的专注力养成期

有关研究调查指出，3 岁半是孩子注意力形成和发展的关键期。同时，3 岁多也是孩子开始进入幼儿园的时候，孩子正式成为一个小社会人，离开家庭，走向更大的团体，接触更多的人，因此 3 岁半是孩子身心成长的时期，也是培养专注力的关键期。

培养专注力不仅是为了提高孩子的成绩，也是为提升孩子未来的智力发展水平打基础。专注力是智力的五大基本因素之一，其他四种基本因素是记忆力、观察力、想象力和思维力。

不同年龄段的孩子，专注力维持时间不一样。3 岁以内的孩子专注力持续时间为 10 分钟以内。3 岁以后，孩子的专注力会从 10 分钟发展到 30 分钟，因此 3 岁是孩子专注力发展的关键期。

同时，3 岁的孩子身体协调能力在不断增强，可以学习轮滑了，对世界也充满好奇，喜欢探索，表达能力变得更好，可以说是智力发展和提升的关键期。家长可以从以下四个方面进行重点训练：

1. 给予孩子专注的机会

很多父母都意识到专注的重要性，也特地给孩子创造各种学习的机会。但一些父母依然处于过度干涉的状态，常常弄巧成拙。

我之前带孩子去亲子画画班，见过一个让人窒息的妈妈。孩子们要给扇子里的图案填色，别的孩子都在随心所欲地涂，这个妈妈要么说孩子画出界了，要么就说她选的颜色不对，配色不好看。孩子好不容易按她说的做，她又开始说孩子坐姿不好。总之，我坐在旁边都觉得压力巨大。其他孩子都是开开心心地在画画，只有她的孩子是垂头丧气的，跟这样的妈妈一起参加画画班，真的是一个噩梦。

画画本来是一件可以专注的事情，但因为家长的过度干预，孩子不仅不能专注，而且不断地被打击，久而久之，孩子对画画就会产生抗拒和厌恶的心理。父母不能陪伴孩子一辈子，我们要学着放开手，让孩子自己去感受、去学习、去碰壁、去思考，这样才能成长。

2. 重视孩子的提问

3岁的孩子好奇心旺盛，他们的"十万个为什么"常常让父母无力吐槽。有些家长可能难以控制自己，本来工作就很累，压力也大，孩子还说个不停，情绪一下子就上来了。

但我们要知道，孩子的问题非常值得重视，即使他们只是3岁的孩子。我们应该在不过度干涉孩子行动的同时，足够重视孩子，认真对待孩子提出的问题。看见好玩的现象，看见有趣的事情，孩子都会喜欢分享给亲近的人，而我们也应该耐心地去倾听。

我的孩子就曾经问过我，为什么苍蝇老是用手（前腿）搓来搓去的？没有耐心的家长常常会说一句话，就是"你一边玩去，不要打扰我"。我的做法是，我会跟孩子一起认真观察那只"搓手的苍蝇"。如果父母老是对孩子敷衍了事，孩子也会失去探索世界的兴趣和动力。

假如父母常常不注意听孩子讲话，孩子会形成一种错误的认知模式，别人讲话的时候不需要全神贯注，而且可以忽视，甚至敷衍。当孩子上学以后，他也会不自觉地在课堂上神游，因为老师的话也是可以不用认真听的。

对孩子来说，他们的世界很小，只有日常的学习玩耍，吃喝拉撒，在阳台上观察小蚂蚁和飞过窗前的鸟儿。作为大人的我们，觉得这些都微不足道，但这已经是孩子的全部世界，因此，就算孩子讲的事情再小、再日常，父母也应该认真倾听，同时给予一些肯定和认可，保护孩子的观察能力和好奇心。

3. 让孩子做感兴趣的事

兴趣是最好的老师，当孩子做喜欢的事情时，就会非常专注而投入。

我身边有些朋友觉得自己的孩子太好动，于是给孩子报了写字课，试图改变孩子的个性。其实，孩子的内向和外向性格是天生的，大概有四分之一的孩子是天然的内向性格，他们可能很少讲话，更多的是一个人待着，不太喜欢团体活动。但这不意味着，孩子没有交友和沟通的能力。

同样的道理，天生外向好动的孩子，也不是一定只有安静了才能专注。他们可以尝试一些动态的体育项目，比如打羽毛球、打篮球、踢足球等，这些都可以满足孩子的好动本能，同时让孩子专注在一件事情上。球类运动需要时刻关注球的动态，也是一种专注，而且对孩子的视力、身高发育和健康成长都有很多帮助。

4. 有意识地培养孩子的感知能力

注意力的建立跟身体的感觉系统有关。人通过不同的感官接收外部的信息，听觉、视觉、触觉、嗅觉、味觉等，大脑通过对各种信息的感知进行筛选和过滤，然后提取信息，从而建立注意力的稳定性、广度、分配力和转移能力，这也是我们前面讲的感统调和能力。

除了让孩子自由生长以外，对于孩子的感知能力也可以进行相应的培养。视觉方面，可以多带孩子去观察自然，自然世界中的色彩是斑斓的，单是晚霞就有无数的颜色。现在的孩子都对着屏幕长大，对色彩的感知力远远不如从前，想要画出莫奈一样的黄昏，必定需要莫奈一样的色彩感知力。

听觉方面，可以让孩子多欣赏美妙的古典音乐，或参加一些演奏会，如果孩子有喜欢的乐器，或者喜欢唱歌，学习起来也是非常有帮助的。音乐可以陶冶情操，培养孩子的共情能力和感受力，甚至可以将孩子培养成音乐特长生，对于孩子未来的升学和职业道路发展有非常大的帮助。

在触觉方面，应该让孩子小时候多接触外界，不要怕脏，多玩泥沙，感受不同的材质、不同的触感。多给予孩子拥抱，让孩子在触觉方面有更多的感知力。特别是剖宫产的孩子，更应该进行这方面的训练。

至于味觉、嗅觉和阅读理解等能力，也是一样的，对症下药。一个共同的逻辑就是，多去感受这个世界，才能够形成敏锐的觉察能力，而且年龄越小开始训练，成效就越大。3岁多正好是感受和好奇心萌发的阶段，家长们要抓住注意力和智力培养的黄金期，做孩子最好的老师和陪伴者。

六个方法让孩子学会管理情绪

情绪是专注的拦路虎，不只大人会被情绪控制，小孩也同样会被心境影响做事效果。我们从小有很多的课，都是围绕着素质教育进行的，或者就是技能类的学习，很少有人引导孩子管理情绪，甚至会进入很多误区。

毕竟大多数时候家长也没有搞懂情绪管理这件事，对孩子的教育也是随着心情的阴晴而发生变化。那么，想要重塑孩子的专注力，情绪管理算是一门基础课。我们一起来了解一下其中的方法吧！

在心理学界，最先提出情绪管理概念的是丹尼尔·戈尔曼（Daniel Goleman），他的著作《情绪智商》阐述了情绪管理的原理和概念。

从心理学的角度来定义，情绪管理代表一种掌握自我、调节情绪，对生活中的矛盾和时间引起的反应能有效排解，以乐观的态度、幽默的情趣及时缓解紧张的心理状态。

你可以简单地把情绪管理理解为心理和情绪调节能力。同样是考了60分，有的孩子可能会情绪低落，但是可以认真地把错题复习一次，做好错题记录；有的孩子就会非常伤心，觉得自己很差劲，甚至想要隐瞒考砸了这件事，对家长撒谎。

对于同一个挫折，不仅孩子的应对方式不一样，孩子的情绪表现、负面情绪的过渡方式及孩子的自我评价也截然不同。为了引导孩子做好情绪管理，以更健康的方式去认知情绪、表达情绪和处理情绪，家长可以从以下几个方面入手：

1. 认知自己的情绪

年幼的孩子常常弄不清楚如何表达自己的感受，父母可以帮忙丰富孩子表达情绪的词语，比如失望、孤单、自豪、快乐、失落、激动等，在日常的生活中，引导孩子多表达、多倾诉。当孩子学会认知自己的情绪时，才有可能清晰地表达自己的感受，身边的人才可能理解他们、帮助他们。

2. 接纳自己的情绪

家长要让孩子认清一个问题，无论如何，都要认同自己的情绪。不管是开心还是悲伤，不管是好的感觉还是坏的感觉，都是可以的。只要人的情绪产生了，那它就是正常的。我们不能要求每个孩子都时刻充满正能量，或者只允许孩子笑，把孩子的哭泣和悲伤看成一件坏事，或者以此来给孩子贴标签，比如爱哭包、胆小鬼等。

3. 不要用情绪绑架孩子

在日常生活中，很多家长都在绑架孩子的情绪，当孩子很闹腾的时候，有些大人就会威胁小孩："你这样做，妈妈会不高兴，妈妈就不喜欢你。"大人在地位和能力上都处于优势地位，孩子没有独立的行为能力，所以必须依从大人的想法行事，但这不是大人对孩子进行控制的理由，相反，我们要充分尊重孩子。不然孩子长大了以后也会成为一个用情绪控制他人的人，动不动就生气，动不动就哭闹，以此来实现自己的目的。

同时，大人也要学会合理地表达自己的情绪。如果你很累，孩子却一直在玩，不睡觉，你可以心平气和地跟孩子说："妈妈上了一天的班，真的很累，所以没办法跟你玩。如果你需要我陪你睡觉，现在就上床睡觉。如果你现在不选择睡觉，那么今天你就自己睡觉。"基本上，孩子到了四五岁，能够对别人的感受进行共情，当你以平等的态度跟他商量，给孩子选择而不是命令时，很多时候孩子会带给你更大的惊喜。

4. 家长要跟孩子共情，学会倾听

共情，是理解孩子的感受，这个很容易理解。相信大家在不同的教育读物里都看过无数次学会倾听，但依然很少有人能做好。

很多时候孩子沮丧、不开心、缺乏安全感，并不是因为事情本身，而是缺乏别人的认可和肯定。而父母确实是可以帮助他解决这一情绪问题的核心人物，不管在学校和外面遇到了什么，只要家里有一个人无条件地听他讲话，无条件地支持他，那就是孩子独立自信和面对困难挫折的最大助力。

> 我们每个人都会被批评，这并不代表你不是好孩子哦。跟妈妈说说今天发生的事情，好吗？

> 妈妈，我今天被老师批评了。

5. 日常多陪伴孩子，共同发掘生活中的美好

很多孩子的情绪之所以无法排解，是因为他们让负面信息充满了自己的脑子。其实，除了某些不如意，生活还是美好的，比如美丽的夕阳，树上的鸟窝，洗澡时的泡泡，一次海边的旅行……如果孩子的生活足够丰富多彩，他自然就不会受限于那一两次的挫折。所以，丰富孩子的体验，陪伴孩子收集生活中的美好，是一件必须做的事情。

你可以这么想，孩子的内心有一个幸福感存钱罐，每遇到一次挫折都会失去一些金币，每遇到一件小确幸又会投入一些金币，只要得到的金币比失去的多，孩子就能保持动态的平衡，甚至幸福感逐步上升，因此，收集美好、储存幸福金币是一个必不可少的行为。

6. 帮助孩子进行回顾和反思

比如，孩子可以通过讲故事、写日记、画画等输出方式，进行情绪的释放和化解。喜欢讲话的孩子，可以鼓励他多讲自己的故事；不喜欢讲话的孩子，可以鼓励他画画、记日记，以不同的方式来思考自己的生活，反思问题，找到解决的办法。

作为父母，不一定能解决所有问题，但我们能告诉孩子，如何去面对情绪问题，并接纳自己真实的模样。当你可以做到以上六点后，相信你的孩子自然而然就能找到一条治愈自己的道路。

五个原则让孩子学会目标管理

每年的寒暑假都是父母头疼的时候，孩子放飞自我，老师留下一堆寒暑假作业。除了几个品学兼优的学生，其他孩子都没法有计划、有节奏地完成寒暑假作业，在临开学的最后几天，要么全家帮忙赶作业，要么开始准备类似于"作业被弟弟妹妹撕烂了"这样的借口。

见微知著，连作业都安排不好的孩子，以后的人生大多数时候也会循着这些不好的行为模式变得一团糟。孩子学习目标管理这件事，听上去好像有点高阶了，其实却非常有必要，而且从小就能开始训练。

儿童学习目标管理可以从 SMART 原则的五个方面入手，其中 S（Specific）代表具体的，M（Measurable）代表可衡量的，A（Attainable）代表可实现的，R（Relevant）代表相关联的，T（Time-bound）代表有时限的。为了大家更好理解，我把 SMART 总结为以下几个原则：

1. 具体可量化的目标

其实 S 和 M 讲的是同一个事情，就是指如何定目标。目标是一个明确的标准，最好是可以量化的。就像我们工作中的 KPI 一样。比如读书 100 本，每天写作业 30 分钟，练 10 次新曲子等。

在这里，我不太建议大家把结果作为量化的目标，因为孩子的天赋和特点不一，结果往往是难以控制的。我们可以把过程作为量化的依据，比如一次写作业 25 分钟，视情况额外加写 25 分钟。

练钢琴、训练体育项目等也是同样的道理，我们不能要求孩子今天一定要把曲子弹完美，但我们可以把目标定为练琴 1 小时。

若是把结果作为衡量的依据，往往孩子会感觉到落差非常大，因为大部分情况下孩子可能完不成目标。比如，把目标定为考到 98 分以上，但没有达到。这不代表孩子没有努力，也不代表他整体的能力不行。

在制定目标的时候，主要量化目标，且目标最好以过程为计量，而不以结果来衡量。在这里，可以将 T 代表的时效性原则纳入其中，以时间为度量单位，就能保证孩子在任务里投入的时间长度。

专注做事其实就是不断地将时间花在重要的事情上，而目标管理则是为了保障我们可以坚持下去。

2. 目标的难度，是跳一跳能够得着的程度

目标设置的可行性，是需要认真考量的，比如你的孩子的成绩始终在及格线徘徊，但是你的目标是一个月后满分，那么这是没办法实现的，只会不断地打击孩子的积极性。

实际上，应该把课本的知识点梳理清楚，比如一共55个知识点，每天学习2个知识点，把它学通透、彻底了，以后遇到这个内容，一定是会的，这样就可以了。如果目标的难度大大地超过了孩子本身的能力，不仅没办法实现，而且会让孩子有巨大的心理负担。

大家应该有这种同感：面对无法完成的任务时，人的第一反应是拒绝，因为你的下意识已经觉得必须耗费大量的能量，还不一定能做好，生物的本能让你趋利避害，干脆不干了。

进步本身是有吸引力的，每个人都会享受不断成长给予的正面回馈，所以不妨把目标难度设置得稍稍比自己的能力高一点，稍微努力就能达到，这是最好的。

3. 目标和现实要有相关性

可以把大目标划分成小目标，让困难的事情变得简单。

山田本一是一名马拉松选手，他身体素质一般，但多次获得很好的成绩，1984年在东京国际马拉松邀请赛中获得了世界冠军。

马拉松全程是42.195公里，山田本一的做法正是把大目标拆分成小目标。他在比赛之前把比赛路线看了一次，并把途中的醒目标志记录下来，比如第一个标志是银行，第二个标志是一棵大树，第三个标志是一座房子……一路标到赛程的终点。

做好实地考察后，他已经胸有成竹，比赛开始后他的策略很简单：以跑百米的速度奔向第一个小目标，再以同样的速度奋力奔向第二个小目标……直到马拉松赛程全部跑完。

他表示，从前并没有这样的策略，他直接把目标定在40多公里外的终点，结果跑了10多公里就会疲惫不堪，后来，拆分出小目标之后，就变得更加轻松了。

我们在给孩子制定目标时也可以采用同样的方法，降低孩子的畏难情绪，同时保证孩子不断进步和成长。

4. 可能的话，请扫除所有的干扰项

很多家长跟我诉苦：每次正要开始写作业，孩子就说要上厕所，一会儿又说肚子饿，反正就是各种事情。做题思考的时候，孩子看着桌面上的玩偶发呆，开始摆弄它。遇到这种情况怎么办呢？

我总是反问一句："那孩子做作业的桌子上为什么会有玩偶呢？"

如果想更有效地开展任务，家长应该提前清除所有分神的环境和诱因，比如乱七八糟的书桌，人来人往的客厅，杂乱的背景音乐，电视剧的声音等。

另外，我们还可以借鉴程序员的看板管理方式，把孩子的日常和计划填写在表格里，每完成一个目标，就打一个钩，这是一个非常有帮助的行为。我个人也很习惯把困难的工作分解到日计划里，就贴在桌子前面，每天做完打钩，一个个钩都是我努力的足迹，让我格外有动力继续奋斗下去。

5. 为孩子设置适当的奖励

既然是个目标，就会有实现和没有实现两种结果，我建议家长们

给孩子准备一些小礼物作为奖励，可以是益智的玩具，比如乐高、拼图等，也可以是旅游、野餐，或是一顿大餐。尝过一次实现目标的甜头以后，孩子会充满动力，从而把目标管理这件事变成一个充满正向意义的游戏。

家校合作，父母要把握主动权

孩子长大的过程就是跟父母渐行渐远的过程，从送孩子去幼儿园、小学到去中学、大学，每一次都是父母与孩子的共同征途。

特别是在"双减"政策下，家校合作变得尤其重要。公立学校的一个班有四五十个孩子，而一个家庭就只有 1—3 个孩子，老师就算再关心孩子，也做不到像父母那么细致。

学校作为孩子成长和学习的环境，老师是孩子的榜样，同学是孩子的伙伴，二者对孩子的心理健康影响非常大。

按照参与程度的深浅来分，家校合作可以分为七个层次。低层次参与的情况下，家长只是个"听众"，按照学校提供的信息在家里管理孩子，参与学校安排的教育活动，也会偶尔到学校参与志愿活动。

对于大多数忙于工作的家长来说，参加高层次的深入合作大概是不太可能的。只能说，有能力、有时间是家长与学校合作的基础。

也有一些国家把家校合作的细则划分得很清晰，比如在美国加州，有相应的家校合作职责政策，政策上规定了家长有每天讨论学习，参与家委会的日常工作，监督学生收看电视的时间和内容，指导学生完成家庭作业，参与学校开放日活动、家长会等方方面面的职责。

就我国国情而言，"80后"家长明显比上一代人更关注孩子的学习，对于家校合作的方针更为支持和配合，但也有很多家长不知道如何主动尽好父母的职责。结合一些现代学者的观点和我身边家长的方式，我认为，针对家校合作，家长可以主动做好以下几方面的配合工作：

1. 为孩子的学习成长提供支持

现在的老师都习惯在微信群里通知，家长应该好好地配合老师，陪孩子共同完成学校布置的作业。一些参与类的活动，比如征文比赛、绘画比赛等，如果孩子具备相应的技能，也应该全力配合孩子去参赛，输赢不重要，从中吸取经验才是真正的意义所在。

2. 培养孩子好的生活习惯

很多孩子都被祖辈宠坏了，没有礼貌，刁蛮任性，不讲道理，而且总是想偷懒，家长一定要管教好自己的孩子，不能随便欺负别的同学，如果被投诉了，要郑重其事地带着孩子去道歉，让孩子意识到自己行为的严重性。总之，父母要带头做好榜样。

3. 让孩子爱上阅读

毛姆说，阅读是一座随身携带的避难所。阅读不仅可以为人带来知识，还可以丰盈灵魂，带给人与伟人对话的机会。孩子的生活可以朴素，但灵魂养分不能短斤缺两。

4. 关心孩子的心理健康

有些孩子上学后会遇到校园欺凌或者被孤立等现象，父母要密切地留意自己的孩子，及时跟老师沟通，帮助孩子解决实际的困扰和难题，使孩子保持心理健康。

5. 与老师保持很好的沟通与协作

尊重是相互的，老师与家长也是如此。家长如果主动跟老师沟通，对于孩子某些毛病和行为主动进行询问，老师也会更关注孩子的动向。很多时候不是老师不想管，而是人太多管不过来，所以父母一定要主动跟老师建立联系。

哈佛优势循环五步法

哈佛专注力专家爱德华·哈洛韦尔从小被确诊为有注意力障碍，他充分了解分心者的烦恼、需求和潜能。他指出："不专注的人在我看来都是有天赋的，这是一种特殊的才能，具有积极的意义。这些思维特点是优缺点兼具的混合物，一旦你正确对待，它们就能开出绚烂的花朵，结出丰硕的果实。"

爱德华·哈洛韦尔提出了优势循环五步法：

1. 联结

"70后""80后"父母中，许多人依然有着童年在乡下长大、邻里之间和睦相处的美好记忆，比如，跟小伙伴一起抓虾摸鱼，结伴去冒险，躺在奶奶的怀里看星星。这些美好的回忆，不仅能唤醒我们对大自然的爱和探索的欲望，而且能让我们与同龄人、父母产生好的联结，让我们感受到关系的力量。

现在的孩子大多数在城市中长大，可能会有很多电子产品，有吃不完的零食，从小看惯了超市货架上琳琅满目的商品。相较于上几代人来说，他们拥有最为丰富的物质条件，但他们的童年不见得比那些人更快乐。

为孩子创造有联结的童年，是指不仅要与电子设备联结，还需要跟有质感的生活紧密相连。当孩子从小产生多重正面的联结时，他就可以获得比同龄人更稳定的情绪，更加自信，能习得与他人进行联结的技巧。父母可以引导孩子从以下几个方面进行联结：

·与家庭建立联结

现在很多家长都是职场大忙人，很少在家里吃饭，甚至有些人长期出差，在外办公，孩子被托管到学校，很少有机会可以跟爸爸妈妈一起吃顿饭。孩子和父母的联结从哪里来？不仅是那一年两次的旅游，也不仅是为孩子庆生的那一天，而是日积月累的陪伴。没办法一起吃午饭，那么一起吃个早餐。如果加班到很晚，出门又很早，提前给孩子写个小字条留个言，或是准备一些贴心的小礼物。不管多忙，每周都要抽一天时间亲自接孩子放学。这些我们看起来很小的事情，就是孩子与父母建立联结的契机。哪怕是睡觉之前聊天5分钟，讲一讲当天的心情和经历，对于孩子来说，也是至关重要的。

·与朋友和团体建立联结

苏霍姆林斯基曾说"友谊是培养人的感情的学校"，孩子与人交往的能力都是在交朋友的过程中习得的。有些父母习惯对孩子过度保护，不让孩子到小区里玩，也不让孩子参加班里的活动，这对孩子来说，就是切断了他交朋友的渠道。现在的孩子从小就被众星捧月地照顾着，唯有去团体里，跟其他孩子一起玩耍、一起聊天，偶尔争吵，才能意识到，原来自己并非宇宙的中心，从而学会如何去尊重其他人。

·和学校建立联结

让孩子喜欢上学是一件会影响孩子一生的事。孩子成绩是好是差，获得多少奖状，受不受老师的关注，这些都没有关系，最关键的在于，让孩子感觉到学校是一个能为他带来正能量的地方，学习知识是一件让人生变得更好的事情。每个孩子的天资不一样，我们很难左右他们的成绩、喜好和个性，但对于学习的热爱，对于知识的向往，确实是可以培养的。

每天孩子放学后，可以跟孩子聊一聊当天在学校发生的事情，开心的，不开心的，好好倾听孩子的心声，理解他的情绪，也可以以过来人的身份来传授一些经验。孩子考了 80 分很伤心，你可以说你小时候也是数学最差，有一次还考了 59 分，但后来还是迎头赶上了。诸如此类的分享，让孩子很坦然地面对学校里发生的大小事情。

·跟大自然建立联结

大自然有万千世界，有动物、植物、落日、风，几乎一切的美好都在其中。如果一个孩子童年的时候没有感受过自然的美好，听过蝉鸣，见过大海，那么他的童年是不完整的。

·跟艺术建立联结

相对于我们的童年时代，现在社会的文化建设日益丰富，博物馆、美术馆，各种大大小小的展览、话剧、戏剧等，都可以有机会接触到。

有空的时候，可以带孩子感受艺术的美，开拓孩子的眼界，为他幼小的心灵多打开几扇窗户。

· 跟宠物建立联结

家养的小宠物，从猫、狗到小鱼、乌龟，都是孩子了解生命过程的最好的老师。人的生命相对于宠物而言很长，但当孩子照顾一只宠物时，他不仅可以建立对其他弱小动物的同理心，而且能够看见生老病死的循环，也算是一次比较温和的死亡教育。可能有时显得过于残酷，但人生的种种经历只是经历，家长应该引导孩子以一种正确的态度去面对这一切。

2. 玩耍

在很多家长看来，孩子只有端端正正地坐着看书、学习，才算是学习，才具有意义。你要知道，孩子的想象力来源于游戏。孩子探索和思考的方式，就是在他玩耍的过程中实现的。就像拼乐高那么小的事情，考验的是孩子的空间想象力，看懂图纸的能力，精细的手部控制的行动力，以及专心致志的能力。不要小看玩耍，学会让孩子好好玩耍，才是家长们要做的功课。

3. 练习

玩耍是发现孩子兴趣的方式，要把兴趣变成一项特长或者能力，就需要展开刻意练习。比如，你的孩子很喜欢轮滑，刚学会了滑，学完了轮滑课程后，不能就这样停下来，而是应该保持每周的锻炼频率，不然就前功尽弃了。

要给孩子灌输这样一个观念：如果你对一件事情感兴趣，那你就要理所当然地反复去做，去尝试，去探索。一个爱画画的孩子，可能会某一天画一个自己很喜欢的动画片角色，拿到父母的面前。如果父母慧眼识珠，就应该跟孩子说："哇，你做得很好，明天你能继续画一张吗？"引导孩子持续去做练习，有可能发展出更深层次的兴趣，不然所谓的玩就永远只能浮于表面了。

4. 掌握技巧

关于技巧的掌握，推荐大家看一下一本叫《刻意练习》的书，它深入地讲述了有针对性和目标的练习给人带来的巨大进步。奥运冠军、发明家、数学家等杰出的人物都是通过刻意练习来不断精进自己，从而成为自己所在领域的专家的。而且，爱德华·哈洛韦尔还表示，"在自己喜欢又充满挑战的活动中不断进步，是建立自信和自尊心最有效的方法"。

当孩子非常熟练地掌握一种技巧，或者说具备一项技能时，他就能从中获得专注的乐趣，同时专注的能力也在做事的过程中不断叠加，实现一种双赢。

5. 得到认可

得到认可不一定是获奖，或者考级。对孩子来说，可能是一个学了很久的曲子终于学会了，或者是父母、老师一个认可的微笑，或者因为自己会下棋，教会了邻居家孩子下棋后获得的喜悦。这些都是让人感觉到欣喜的认可，和那些所谓的奖项和荣誉一样重要，而且获得的门槛并不高。

最后，我想总结一下爱德华·哈洛韦尔提出的优势循环五步法，如何帮助孩子建立专注能力，从联结、玩耍、练习、技巧到认可，这五步是一个完整的循环。孩子的行动，来源于父母无条件的爱，来源于他与朋友、自然、社会的联结；孩子带着安全感和好奇心开始玩耍，在玩耍中探索，练习自己的技能，反复地提升能力，然后获得了认可。这份认可将加深孩子与人的联结，循环重新回到了第一步。这是一个不断运作的积极循环，在这个循环里，孩子的专注力、自信心、行动力都会逐渐提升。

很多家长都觉得分心的孩子是天生的缺陷者，但事实上，容易分心的孩子也有一定的天赋。就像爱德华·哈洛韦尔说的那样："每个人都应该注意自己的思维特点，把它看作世界上最特殊也最珍贵的花园。每天浇水，保持充足的阳光和爱心，除去杂草，专心地培育那些花儿。"我们要尊重孩子的天性，运用这方面的天赋，好好培养孩子。但是，假如孩子并未具备这样的能力，家长就要做好这个工作，引导他进入优势循环中，让他以自己的方式成长，活出属于自己的人生。

运动是改造大脑的秘宝

种植一株植物需要阳光、空气、土壤、肥料、适当的水分以及刚刚好的气候。作为一个生命体，它的成长与周围的各种因素息息相关，甚至与种花人的脾气也有着千丝万缕的联系。

一株植物尚且如此，何况养育一个孩子。很多人习惯割裂地去看待孩子的表现，然而头痛医头脚痛医脚的疗法在专注力的培养上是无法见效的。专注力就好像一棵植物上的一片叶子，你想让它长得苍翠，充满生命力，就需要从它的根须入手，找到它的原动力，从根本上做出改变，而运动就是人类个体最重要的根须和能量的来源。

我们都听过一句话：生命在于运动。是时候真正了解运动是如何从根本上改变一个人的状态，如何令孩子焕发活力的了。它不仅是提升专注力的处方，还是从底层改变一个人行为的方法，不管是有拖延症的学生、日常焦躁不已的职场人士，还是身体羸弱的老人，都是如此。运动能引起的改变是人迈入正循环的第一步。

研究专注力的学者表示，目前唯一具有医疗价值的提高注意力的方法就是体育运动。运动不仅可以提升我们的体能，还能改造人的大脑，对于记忆力、自控力、灵活思考能力和注意力都有非常显著的提高。

从运动生理学的角度来看，当人运动的时候，大脑会分泌一系列神经递质，如肾上腺素、多巴胺和内啡肽等，让人的大脑处于活跃的状态，就好像一个昏昏沉沉的人忽然耳清目明，整个人仿佛打了鸡血。

除此以外，运动还能释放血清素和生长因子。如果说多巴胺是一种快乐因子，让人处于一种兴奋愉快的状态，那么血清素就是幸福因子，让人保持情绪稳定的同时感到幸福和自主，让人永远有一种内在的平和。

最重要的是，运动让大脑处于最佳的状态。

首先，我们要看看大脑的运作方式，我们通过感官摄入信息，信息通过神经元将化学物质传递到相应的大脑区域，进行识别、解读、思考等一系列复杂的运作。大脑状态好的人，理解能力强，思维敏捷，其脑回路不同于那些反应迟缓的人。大脑回路是通过反复练习形成的，就好像肌肉记忆一样，当你学会游泳，足够熟练时，只需要到水里，你的大脑回路就会告诉身体如何游泳。

现代社会让人失去了运动的生理天性，久坐不动，成为人类健康最大的威胁之一。对于靠狩猎采集而生的祖先来说，为了生存，他们必须有强健的体魄和灵活的头脑，在一代代的优胜劣汰下，我们拥有了一个跟食物、体力、活动和学习关联的大脑回路，而运动是其中一个非常重要的环节。

运动的好处，我大概是无法一一罗列完的。在此强调一点，运动可以让孩子的心理更健康。哈佛医学院和大量医学研究者一致认为，运动可以减轻和预防一系列的心理问题和认知障碍问题，比如抑郁症、恐惧症、焦虑症、注意力缺陷障碍、阿尔茨海默病等。特别是对于轻度的和中度的抑郁问题，运动和药物治疗结合的效果显著。同时，运动还能治疗心理创伤。举个例子，日本福岛一次重大地震后，当地的学校积极参与到运动修复的项目中，帮助学生重塑内心。

如何引导孩子合理运动

既然运动很重要，而且必不可少，那么要运动多久，才能改变一个人的大脑状态呢？

· 结合孩子的实际情况，适量运动

《运动改造大脑》这本书中曾经讲过一个学校里的实验，学校里的老师只是让班级里的孩子每天跑1.6公里，就可以显著提高孩子的注意力和考试成绩，阅读理解能力提高了17%。当然，跑步训练不能以孩子的速度为考量基准，而是去观测孩子的心率，因为有些孩子的起点本来就高，可能轻轻松松就跑得很快，但有些孩子本来运动天赋不高，拼尽全力还是很慢。

一般人静息心率是60—100次/分钟，慢跑是120—130次/分钟，如果孩子跑得很慢，但是心率已经到180—200次/分钟，那么说明他已经拼尽了全力，而不是在偷懒。而且他的运动效果可能会比跑第一的更明显，因为他大大地突破了他身体的固有状态。

· 学习运动相关的安全知识，然后日积月累

很多人为运动设置了很多门槛，比如要去办个卡、报个班，需要

合适的场地、运动装备等。其实，这一切都只是锦上添花，不管你有没有这些条件，都可以实现运动。跑步、跳绳、打羽毛球，甚至认真做一套广播体操，都属于运动。

运动，你一旦去做了，就一定会有改变，就一定会日积月累地进步。它几乎没有额外的风险，除非运动的时候强度过大，或者运动的姿势和动作不标准，引起一些身体上的不适。所以，在这里，我还是要跟各位家长说，在让孩子尝试每项运动之前，请先学会相关的安全知识。比如孩子跑步，每一次该跑多久，一周跑几次，跑步的正确动作是怎样的，跑步之后多久洗澡，都要弄清楚。

在信息爆炸的年代，如果你想学一个东西，可以从各大平台找到相关的知识博主，然后你只需要稍有一些识别能力来筛选一下，比如他有没有专业的知识背景，就可以找到非常全面的讲解。就像大家因为担心孩子分心而找到了我一样。总之，学习如何正确有效地运动，也可以去找同样优秀的博主或大咖，你只需要费点心就行。

· 父母也要参与进来

还有一个很好的方法，是在亲子互动中运动。不要把运动这件事情交给孩子单独完成，父母也可以参与进来。

运动是增进亲子关系的良药，跟孩子一起运动，锻炼身体，不仅可以使亲子陪伴更有质量，而且能适当地给孩子增加一些价值感，还可以进行人生观的分享。在你的陪伴下，孩子也更容易坚持下去。

比如，你跟孩子一起跑步，你们可以制订一个跑步计划，以一个月为单位，每周跑3次，每次20—30分钟，时间长度可以循序渐进。

在这个过程中，肯定会有想放弃的时候，可以互相鼓励，特别是父母要以身作则。即使把自己跑得很辛苦的一面暴露在孩子面前，也是一个很正面的教材,你过后可以跟孩子说:"其实我都快要跑不动了,但我想做一个能坚持、有毅力的人,所以我咬着牙跑完了,结果,今天又完成了我们的目标。"共同去做事,一起流汗,制造属于孩子童年的记忆,对于日常忙碌的父母来说,也算是自我锻炼和陪伴孩子的双赢项目。

· 顺势而为,依照孩子的兴趣来选择运动项目

很多家长都跟我反馈孩子太闹了,一天到晚不消停。其实,好动是孩子的天性,注意力不集中的孩子,常常会非常好动,运动正是释

放他们能量的好方式。养育孩子，要讲究顺势而为，既然孩子喜欢跑来跑去，何不让他去踢足球、打篮球？让他做自己喜欢的事情，效果将是事半功倍的。

在给孩子选择运动项目的时候，我的建议是，让孩子按兴趣来选择。其实每项运动都有利弊，打篮球会长高，打乒乓球能提升注意力，但我们并不是奔着成为运动员的目标去的，所以去做什么项目都问题不大，都能起到改造大脑的作用，都能稳定情绪、提升信心、增强专注力、释放压力、优化孩子的睡眠质量等。

培养孩子延迟满足的能力

20世纪60年代，斯坦福大学心理学教授做了一个经典实验，把棉花糖分给幼童，并告诉他们，如果能等15分钟后再吃掉棉花糖，他们会额外再获得一颗。大多数孩子选择了立刻吃掉。实验者通过后续追踪发现，那些能够等到15分钟后再吃棉花糖的孩子，长大之后都成了更有意志力、判断力和专注力的人。

这种延迟满足感的能力，考验的是孩子克服当前困难、力求获得长远利益的能力。

与延迟满足感相对的是即时满足。有一个很小又很直接的办法，就是你可以观察孩子是能够延迟满足还是习惯即时满足。吃饭的时候，能够延迟满足的孩子一般把最好吃或者最喜欢的食物留到最后再吃；如果是即时满足的孩子，就会第一口马上吃掉最好吃或者最喜欢的食物。

习惯即时满足的孩子，会发展出很多不好的习惯，比如边写作业边看电视，上课跟同学讲话，走着走着看见喜欢的玩具就走不动了，要马上买下来才能罢休。他们大多性格急躁、缺乏耐心、难以专注。

孩子上一秒还在认真写作业，看见奶奶拿着香喷喷的鸡腿回家，他就立马放下手中的作业，去缠着奶奶要吃鸡腿。这样的画面看似很正常，但对于孩子的专注力养成是一个非常不好的影响。你会发现，什么风吹草动都能让孩子分心，看见好吃的就要马上吃，想起好玩的就要马上玩，按这样的逻辑，孩子怎么可能愿意去做枯燥的功课？

训练延迟满足感的重要性常常被忽略，甚至大人看着孩子大快朵颐，还觉得很可爱，殊不知这样会让孩子在无意识中养成一些细小但严重的坏习惯。

在小学阶段，孩子在父母和老师的监管下学习，就算分心也会被拉回来。但到了初中，随着课程难度的加深，爸妈渐渐很难继续辅导孩子做功课了，孩子也需要逐步过渡到独立学习的阶段，没有延迟满足感能力的孩子往往成绩急转直下，因为他压根儿管不住自己。

字节跳动创始人张一鸣曾经说过："大多数人满足感延迟程度之低，根本轮不到拼天赋。"张一鸣是2021年福布斯中国内地富豪榜第二名，也是唯一一名年龄不超过40岁的富豪。

他是延迟满足感的高手，早在大学时期，当其他同学天天想着吃喝玩乐的时候，他不打牌，不玩游戏，不看剧，跟王兴一起创立饭否网，失败以后又自己摸爬滚打，创建了内涵段子、今日头条和抖音。

当年，腾讯曾试图收购今日头条，他拒绝了。像腾讯这样的行业一哥伸出的橄榄枝，有多少年轻人会一口回绝？张一鸣做到了，他把自己的满足感不断延迟到最后，最终成了身家3000多亿元的中国富豪。

为什么人会对即时满足如此疯狂？

因为多巴胺在作怪。

多巴胺是脑干中一组由扩散投射神经元所携带的神经调节剂，帮助细胞传送脉冲的化学物质，这些物质控制我们的兴奋、开心和欲望。

很多人把多巴胺称为"奖赏因子"或者"快乐因子"。当大脑释放多巴胺的时候，人就会感觉到一种快乐和兴奋感，而且大脑会对这种感觉上瘾。比如，抽烟、赌博、打游戏等，虽然实现的方式不一样，但本质上都是使大脑兴奋的、能让人上瘾的事情。

延迟满足感是来自长远目标的鼓励，对一件事的洞察层次不同，停留的深度就不同。你可以视它为一种自我控制的能力，也是一种对抗多巴胺上瘾的能力。

能够延迟满足的人，就是我们常说的自律的人，他们能够为一个长期目标日复一日地努力，而不是把所有的注意力放在眼下肤浅的消遣上；他们可以专注于枯燥的文献和论题，往往能够成为一个领域的专家或者行业的引领者。

想脱离满足感的上瘾症，需要逐步养成自律习惯，比如合理的作息时间、充足的睡眠、健康的饮食，以及我们上一节讲的适当的运动，通过健康的方式平衡多巴胺的释放浓度。

具体的延迟满足的训练方法有以下三种：

（1）从日常的细节习惯中培养。

如果你的孩子每次吃东西都要先吃掉最好的，那就跟他玩一些小挑战。比如，告诉他，等1分钟之后再开始吃喜欢的食物，那就可以赢得小挑战，并得到相应的奖赏。同样，如果孩子闹着要去玩，你跟他说，可以的，等妈妈5分钟。让孩子逐步去适应延迟满足的感觉。

有一位明星在训练孩子的延迟满足能力上也是颇有经验的。在一次综艺节目上,她的女儿想要一个玩具,但这位女明星没有马上答应她。女儿开始号啕大哭,一把眼泪一把鼻涕的。她没有发脾气,也没有妥协,而是无动于衷,在孩子哭得差不多了以后,她才抱起了孩子,安慰她。但她始终没有给女儿玩具,她想通过这种方式让孩子知道哭不是一种获取东西的方式。很多人都说这样的养育模式缺乏温情,但我认为适当地坚持原则,对教育孩子有重大的意义。

这不仅是延迟满足的训练方式,也是对孩子行为习惯的反应的训练方式。如果孩子每次一哭就能得到想要的东西,他就会成为爱哭包,每次用哭来威胁别人满足他的需求。相反,如果孩子哭了一次,发现并不奏效,他可能不会继续这样做,而是去想,为什么妈妈不给我玩具?我要如何才能得到玩具?到了这种时刻,家长可以就具体的事件跟孩子展开深入的交流,讲清楚为啥妈妈这样做,为什么不马上给他玩具。这可以说是一次很好的教育孩子和增加亲子亲密感的契机。

(2)增加长期目标的动力。

可以将5年、10年目标拆分成年目标、月目标、周目标和日目标,当孩子看到自己每天都在向自己的目标前进时,那么当下相对枯燥的过程也会成为长期挑战中饶有趣味的一部分。

如果孩子的即时满足需求非常大,可以适当地通过一个个项目中进行训练,比如钢琴项目、运动项目、读书项目等。不必一下子就要用10年养出一个德智体美劳全方面发展的孩子,这样孩子压力太大,实现的可能性也不高。反而逐个攻克,倒是可以让孩子的意志力和专注程度不断提升,最后成为一个综合能力较强的人。

(3)减少短期诱惑。

孩子容易分心的原因可以分为两个,一是做事的动力不足,二是诱惑太多。短期诱惑就是即时满足。人的自控力是有限的,特别是小孩子,试想本来孩子可以抵抗一颗棉花糖的诱惑,但是如果你在他面前又放了巧克力喷泉,还放了一堆棉花糖,他怎么能控制得住呢?父母可以帮孩子减少一些不必要的诱惑,降低孩子的自律阻力。

训练孩子延迟满足,并不是盲目地控制孩子,让他只能按计划行事,而是教会孩子享受进步的过程。感官的刺激和享受会带来多巴胺的释放,但循序渐进的成长能给人一种不断增长的自信,这对于培养一个孩子的习惯更为重要。

懂得吃，才能养出小天才

在各种育儿秘诀之中，有一个重点被严重低估，又对孩子的身心及智力发展异常重要，那就是孩子的饮食健康。营养是大脑健康的基础，吃得足够营养，孩子的大脑才能有足够的推动力。

很多家长对吃得好是有误解的，孩子喜欢什么就给什么，蛋糕、薯条、炸鸡、可乐，通通作为奖赏买给孩子吃。也有些家长过于操心，才几岁的孩子就给吃花胶、鹿茸、人参等补品，不仅对孩子的身体没有任何帮助，甚至还让孩子出现了性早熟的现象。

人体是一个极为复杂的运作整体，特别是人脑。人体有自我治愈、自我修复的基本设置，而我们每天摄入的食物和各种营养元素，正是人体自愈的原材料。吃饭看似很基本，却是我们身体健康、智力正常发展的头等大事，这对儿童来说更加重要。

两个智力发展的关键阶段

俗话说，3岁定终生。大家通常的理解是3岁孩子的个性和习惯影响他一生，其实3岁前孩子的饮食亦是如此。

现代医学研究表明，人的大脑发育存在两个关键时期，第一个时期是妊娠的前26周。这个时期是神经胚胎发育的关键期，神经系统需要优质的蛋白质、脂肪酸、钙、铁、叶酸及其他维生素。若孕期缺少特定的营养元素，对于胎儿的神经发育和智力都会有一定的影响。

假如孕期缺铁，可能会造成新生儿贫血或后期的精神发育迟缓。各种类型的元素缺乏中，最为常见的是叶酸缺乏，会造成神经管的畸形。

动物肝脏、深绿色蔬菜和豆类均富含叶酸。现在市面上有很多专门的孕产期复合维生素，可以大大地减少孕期营养元素缺乏造成的一系列问题。

第二个阶段是孩子出生6个月内。在出生后6个月内，婴儿的神经细胞数量依然在增长，新生儿大脑中的神经细胞需要蛋白质、必需的脂肪酸、钙、铁、叶酸及其他维生素能促进婴儿脑细胞的发育、增殖和成熟。

母乳中的牛磺酸成分，可以让婴儿的大脑更加强健。另外，脂肪酸也对脑神经发育起着重要作用，缺乏必需的脂肪酸可能造成神经缺陷和智力低下。这种脂肪酸就是我们所熟知的DHA，它存在于蔬菜、水果和各种海鱼中，家长也可以购买相应的维生素。

除此以外，矿物质和微量元素的作用也不容小觑，假如孩子缺乏铁元素，可能会出现贫血的症状，另外还可能影响到脑功能发育，孩子容易出现注意力涣散、烦躁、多动等表现。

另一种同样重要的元素是锌，缺锌的孩子除了免疫系统和消化系统受影响外，还容易有多动症。碘会影响甲状腺素的合成，而甲状腺素能促进大脑发育，缺碘可能会导致智力发育缓慢和身体生长迟缓、身材矮小，因此我国的食盐里大多加了碘。

以上两个阶段是孩子智力发展的重要时期，假如在以上两个关键时期无法摄入相应的营养元素，胎儿或孩子的大脑就会发展迟缓，这是无法逆转的伤害。不过若是后天，即3岁以后，因为营养不良造成的大脑功能问题，是可以通过逐步调整而解决的。

日本营养学专家坂田野节夫认为，脑功能的优劣有80%取决于营养元素的摄入，其中八种物质对脑功能的健康起到重要作用，它们分别是脂肪、维生素C、钙、糖质、蛋白质、维生素A、维生素E和维生素B。以上元素，建议通过日常饮食摄入，各类蔬果富含各类型维生素，优质脂肪和糖则可以从优质肉类、坚果、粗粮等食物中摄入。

不过，需要注意的是，谨记物极必反。做人讲究中庸之道，饮食也需要讲究平衡，某一种元素或营养缺失或过度摄入都会引起人体的不适，不利于大脑的功能正常发挥。

具体来讲，家长该如何来做饮食配搭呢？相信大家都看过健康饮食金字塔，里面包含了蛋、奶、肉、水果、蔬菜、谷物类，这些是最基础的大类，建议每天都摄入以上六种类型的食物，而且尽量让摄入的食物多样化一些。比如，蔬菜有各种各样的，不要因为喜欢吃生菜就天天吃生菜，其他类型的一概不吃，长期下来就会缺失某些微量元素和矿物质。

现在有很多孩子都非常偏食，有的不吃蔬菜，有的不吃肉，这就造成了很大的饮食健康隐患。建议从添加辅食的时候就开始建立孩子对饮食的兴趣，也可以从食物的造型上去努力，做可爱的动物便当，或者让孩子一起来装饰饭盒，甚至可以让孩子自己学着做饭，让孩子增加对吃饭的兴趣。

另外，家长们还容易犯的一个错误是，觉得不同的食物就代表营养丰富。比如，早上吃白粥榨菜，中午吃米饭和白菜，晚上吃炒粉。那么这个孩子基本上都是在摄入碳水化合物，缺乏其他类型的营养元素。

让孩子早上吃个鸡蛋，喝杯牛奶，再吃点水果，加两片面包或紫薯，同时摄入蛋白质、维生素和碳水化合物，才能说是一顿营养丰富的早餐。

最后，我有一个建议，尽量少吃外面的快餐。因为外面的食物不健康，为了让口味好，通常都放很多调味品，多以煎炸为主。另外，其实在家吃饭是家庭生活中的一个重要环节，妈妈做的饭菜会是一个孩子终生难忘的味道，这也是亲子关系中必备的一个环节，希望我们都能跟孩子一起享受美食。

第四章

解决上课不专心、坐不住的问题

面对捣蛋鬼，正面管教最管用

养儿一百岁，常忧九十九。管教孩子是父母的功课，也是自身的一次修行。你会观察到一个有趣的现象，同样是孩子调皮捣蛋，有些父母能表现得冷静而坚定，而有些父母比孩子还情绪激动，暴跳如雷，气氛随着父母情绪起伏而波涛汹涌。

对于容易分心的孩子，父母所要面对的考验尤其严峻。如果只是日常的分心，喜欢满屋子跑，一会儿玩这个，一会儿玩那个，顶多就是看着有点闹心。但当孩子开始上学时，多动、爱分心就会变成一个严重的问题，你会发现，孩子上课是坐不住的，而且没办法专心听老师讲课。这个问题势必会造成孩子常常在课堂上被老师批评，成绩不好，自信心降低，对自己产生负面评价，甚至厌学等一系列反应。

因此，本章我们要学习一下如何从根源上解决这个看似微小但对孩子的学习成绩乃至一生都影响重大的问题。南半球的一只蝴蝶扇动翅膀，可能会引起北半球的一场飓风，育儿也是一样的，既然一个小毛病能影响一生，那么一些基础的养育技巧也能从细微之处对孩子产生好的影响。因此，父母应该逐步改变孩子从前的陋习，和孩子共同成长，经历一次次的考验和试炼。

《正面管教》指出，正面管教是一种既不严厉也不娇纵的方法，它以互相尊重与合作作为核心，把和善与坚定融为一体，在孩子自我控制的基础上，培养孩子的各项人生技能。

正面管教最大的意义在于它为我们打造了一个尺度，让我们在里面游刃有余，不至于宠溺孩子，也不会过于严格。

"和善与坚定并行"是正面管教的灵魂。所谓"和善"，重点是表达父母对孩子的尊重，"坚定"则是指父母要尊重自己、尊重实际情况和客观事实。

其实，这依然是先贤孔子所说的"中庸之道"。一般来说，过于和善的父母对孩子是娇纵的，过度宠溺，孩子要风得风、要雨得雨。你以为这是对孩子好，为孩子筑造了一个童话世界、温室大棚。但是当孩子走出童话世界、温室大棚，离开父母、投入社会以后，才发现这个世界并不是以他为中心的，他其实只是千千万万个孩子中的一个，没有任何特权。孩子从小被筑造的梦幻世界随之坍塌，他的心理会出现巨大的落差，甚至开始怀疑自己。

与此同时，过于坚定的父母就好像军训的教官一样，说一不二，铁面无私，丝毫不纵容孩子，铁律如山。这倒是跟新一代的中国式父母更相近。这一代的"80后""90后"父母受教育程度普遍提升，社会的竞争日渐白热化，他们比任何人都懂得"卷"这个词，这就意味着你要足够努力，还要有足够的实力。一大批的狼妈虎爸，一个个以孩子考上一流名校为目标，为孩子制定精确到分钟的日程表，十八般武艺都让孩子学，一个孩子的生活节奏比大人还紧凑。虽然口中说着

"为你好",却多多少少藏着点作为父母的虚荣心,还有一些"我要当个好父母"这样的角色包袱,把养孩子变成了一场经济活动。

可怜天下父母心啊!谁不爱孩子?谁不想孩子日后少吃点亏,能过上滋润的小日子?在和善和坚定之间摇摆的父母,其实需要一个标准,确定自己对待孩子的态度和原则。这个标准就是"正面管教",它告诉我们如何用积极正面的方法去缓解家庭矛盾与冲突。

正面管教有一个重要而显著的效果:你的小孩会特别自信。真正的自信心的建立,并不是从那些轻飘飘的夸奖而来的,相反,动不动就夸孩子"你很棒""你很聪明",其实是在否定孩子具体行为的积极意义。比如说,孩子自己第一次穿好了衣服,父母夸他"你真棒",孩子固然会很高兴,但他并不知道自己棒在哪里了。

真正的夸法应该是,表达清楚孩子的优点,强调事实而非感受,父母可以说"你能自己穿好衣服,不用爸妈帮忙,自己的事情自己做好,看来你的动手能力又提高了一点哟"。

当家长夸得到位、夸得具体时,孩子的正面行为就会被强化,下一次,他会继续保持"自己的事情自己干"这个好习惯。因此,请各位家长千万要注意,不要动不动就夸孩子,特别是"假大空"的夸,根本没办法塑造孩子的自尊心和自信心。

正面管教本质上就是不断地强化孩子的正面行为,促进孩子积极行动。在孩子的成长过程中,会出现很多叛逆期,在不少的家庭中,每一次的叛逆期,孩子与父母的关系都会变得更疏离一点,因为大部分的父母只是不断地否定孩子的行为,告诉他这样不能做,那样不能做。

孩子随着年龄增长变得敏感而自卑,和父母的感情联结也变得非常薄弱。试问,谁会主动接近一个天天批评他、每天给他挑刺的人?谁又不喜欢能给自己正面反馈,有一种春风化雨的力量的人呢?

除了学会肯定孩子的正面行为外,《正面管教》的作者分享了一个让我非常有共鸣的观点:"越惹人讨厌的孩子,往往是越需要爱的。"

如果你的孩子老是故意做恶作剧,故意捣乱,甚至当你来责罚他的时候,他还存在一点点的开心和激动,那么你平时很可能对他缺乏关注。孩子天然地想获得父母的关注,假如运用正常的手段无法获得,他可能就会通过调皮捣蛋来实现,甚至有时会自暴自弃,因为他知道,只有自己足够"坏",父母才会在百忙之中抽空来教育他,他才有了独占父母注意力的机会。

这样的情况在有多个孩子的家庭里非常常见,这是孩子抢夺父母注意力的常用方式,有些孩子甚至会长期肚子疼、不舒服,其实就是为了得到父母的关注。

老实说,如果孩子陷入了这种状态,最该反思的还是家长本人。如果你本来足够关注孩子,孩子就不会以极端的方式来获取关注。其实很多时候孩子需要的不多,高质量的陪伴,每天只有半个小时也能让孩子感受到满满的爱。出差的时候给孩子买点小礼物,平日里耐心听他讲话,有空陪他去散散步……这些在父母看来稀松平常、可做可不做的事情,都是对孩子来说非常重要的亲密时光。

在理解了正面管教的基本逻辑后,让我们回到孩子上课不专心的问题上,我们该如何用正面管教的方式来引导孩子呢?

1. 为孩子说明当下的困境

好好地向孩子说明当下的问题,让孩子跟家长站在同一个困难面前。让孩子充分地意识到,上课不专心是一个重大的问题。

很多家长往往控制不住情绪而发飙，把说明问题变成了说教，甚至夹杂了自己的不满情绪，开始批评孩子。这个时候，请管好自己的情绪，不要用负面情绪来惩罚孩子，这样是没办法解决问题的。应该客观冷静地把问题摆在孩子的面前。

2. 陪伴孩子去解决问题

让孩子了解目前的困境之后，父母要陪伴孩子去寻找解决方案。关于注意力的训练，可以从日常的许多方面去进行。比如，画画、拼图、读书。另外，陪孩子去做游戏，做体育运动，强身健体。注意培养孩子的毅力，适当调整孩子的作息，保证充足的睡眠，注意营养均衡，等等。

在这个阶段，家长要与孩子一起进行上述训练和努力。

3. 用正面肯定的方式鼓励孩子保持好习惯

这是正面管教的核心内容，也是孩子成长的关键。当孩子通过一个微小的行为做出了改变时，父母应该具体而真诚地表达对孩子的欣赏。比如，当孩子可以坐得住3分钟时，父母要肯定他，那么下一次他可以坐4分钟。一点一点地鼓励和认可，是陪伴孩子克服多动分心毛病的最好的办法，也是我们教育孩子最管用的法宝。

育儿没有捷径可走，无非就是一次次放下作为父母的包袱，陪伴孩子把成长的路再走一次。而在这个过程中，不仅能治愈孩子，也能治愈自己。

别把"注意力"当作孩子的借口

当我们对孩子说"你有注意力问题"以后,孩子很可能会把注意力的问题变成一个标签和借口。我们要避免用多动症给孩子贴标签,每天动不动就说孩子是多动症,容易分心,把一切的问题都归结于多动症,这会让孩子产生一种"原罪感",同时容易引起逆反心理。

拒绝给孩子贴标签

心理学研究发现,人有双重心态,如果生了病,会希望自己尽快好起来,但另一方面又希望自己还是个病人。这看似非常不合理,谁会希望自己是个病人呢?但事实就是如此,因为病人的特权可以让自己获得额外的关注和照顾,"生病"这件事可以成为一个很好的借口和理由。同样的道理,多动症这个标签会成为孩子的挡箭牌。

当孩子被贴上了不专注的标签后，就会每天背着这个标签，将多动症进行到底。因此，父母如何跟孩子讨论多动症，如何陪伴孩子进行训练，是一件需要我们认真思考的事情。

心理学上的贴标签效应指出，一个人被一个词语贴上标签后，他会做出相应的自我印象管理，让自己的行为和标签一致。

标签来自哪里？来自人认知事物时倾向于简单化，人类的认知习惯需要确保自己的认知和现象保持一致。有时我们甚至为了符合某个标签，而为所有的事情找理由，让这些事看起来是符合逻辑的，假如找不到符合逻辑的理由，人就会启动认知的"防御机制"，通过改变自己的行为和表现，让所有事情符合逻辑。

之前我在公园里遛娃，发现有个孩子明明在好好地玩沙子，他奶奶跟旁边的人闲话家常，说："我这个孙子就是三分钟热度，什么东西玩一会儿就不玩了。"孩子听见了奶奶对他这样的评价，本来还想继续玩，可是马上就扔掉了手中的玩具，跑去欺负旁边的孩子了。孩子的内心会感受到别人的负面评价，反正别人都这样说我了，那我为什么要专心做作业呢？马上就被一个标签影响了自己的正常行为。

虽然看上去有点不可理解，但把事情套到我们的工作上就很容易理解了。比如，当你面对一个困难的工作，本来还想方设法地解决它，这个时候你的主管跟别的同事说："你要帮他查缺补漏，他平时做事就不太细心，就他一个人肯定没办法完成这个方案。"听到主管这样的评价后，就算你本来能独立认真地完成这件事，现在也会草草了事，反正别人已经认为你就是一个粗心马虎的人了，不如躺着接受同事的帮忙好了，何必绞尽脑汁去做到 100 分呢。

该如何跟孩子谈论多动症

家长在学会不随便给孩子贴标签以后，仍然需要好好地、正式地跟孩子聊一聊多动症这个话题，为改掉多动症的训练和后续的一系列改变做一个有共识的开始。

实话实说，在开始之前父母应该先学习注意力缺失是怎么一回事，这些我们在前面三个章节已经详细地讲过了。父母学习了以后，再用孩子能理解的话术告诉他。

可以用比喻的方式告诉孩子，注意力缺失就像假性近视一样，需要做一些纠正，这样就会让一切变得更好。只有当孩子意识到自己的行为有问题，并进行调整时，才可能改变从前的模式。

找一个气氛合适的环境，告诉孩子："很多人都近视，近视了就要戴眼镜，其实出现多动症也是一样的，只需要做一些训练就好了。"不要带着负面情绪，不要用负面的词去形容。不要把多动症归咎为孩子的错误，它有生理性基础，也是由后天生活环境、照料人等因素产生的。而且，孩子自身的因素是最少的。

介绍多动症的时候要用准确的词语，在表达上不要让孩子感觉到自己犯了错，而是父母希望跟孩子一起去解决这个问题，让孩子变得更好。有一点父母务必表达清楚，那就是多动症不代表孩子不优秀，相反，很多有成就的人小时候都是有多动症的。

家长可以介绍一些典型的人物榜样，来鼓励孩子。很多聪明的人都是有注意力缺失症的，比如爱迪生、莫扎特、爱因斯坦、达斯汀·霍夫曼等。

要让孩子明白，多动症不代表孩子笨，不代表孩子有缺陷，甚至在某种程度上是一种额外天赋的表现。不过，针对多动症的某些负面影响，家长和孩子要一起通过训练来解决掉。

用心理暗示鼓励孩子

1924年，美国进行了一个著名的心理实验，实验人员在霍桑工厂里选择了6名女工作为实验对象，尝试通过改变工作环境或其他外在因素提升她们的劳动生产效率。

实验人员发现，不管外在因素的变量如何调整，这6名女工的生产效率都一直在上升。最后实验者发现，这6名女工的生产效率跟外在因素关系不大，而仅仅是因为她们意识到自己是被关注的实验对象，这种关注的感觉让她们想证明自己是优秀的，所以她们不断在进步。

这个实验就是著名的霍桑效应，当被观察者知道自己成为被观察对象时，有改变自身行为的倾向。

林清玄曾经写过一篇关于小偷的报道，文章里写道："像心思如此细密、手法如此灵巧的小偷，做任何一件事都会取得一定成就吧！"小偷看见了文章的描述，洗心革面，勤恳工作，最后成了一家羊肉馆的老板。

霍桑效应告诉我们，只要我们对一个人有足够的关注，并对他有好的期待，而且他深知这一点，这个人就能在这种良性的暗示环境中不断变得更好。跟霍桑效应相似的心理暗示效应，还有我们常常听见的期待效应，我们会不知不觉地实现别人或自己对自己的期待。

对孩子而言，家长的期待意义尤其重大。假如连父母都无法相信自己会成为一个不错的人，孩子只会把一切的失败归结于自己。我非常痛心，有些家长总是用一些负面的词语形容自己的孩子，不小心打破个东西就对孩子破口大骂，说他蠢，什么事情都做不好，恶言相向。

在面对多动症这件事上，父母扮演的角色，是帮助而非惩罚，是引导而非强制，我们要站在孩子的身边，与孩子一起科学地了解他，携手跨过一道道的坎。奠定了这个基调以后，父母与孩子的关系才能更进一步。不能动不动就演变成对立的关系，父母指责孩子，孩子反抗父母，反而会激化家庭的内部矛盾。

有一句话我一直牢记在心中，分享给大家："如果你去贬低和伤害一个孩子，孩子不会记恨你，但他会变得不再喜欢自己。"因为在孩子的心中，父母是那么伟大、那么重要。

父母以身作则的力量

现在有一些论调认为，寒门难出贵子。真正的"寒门"与其说是物质的匮乏，不如说是家风不好。当我们感叹别人家的孩子如何优秀时，我们是否了解过别人是如何当父母的？

之前网络上有一个视频，一位宝妈分享家里早读的场景，父亲拿着一本书在过道上诵读，儿子也手捧着书在墙角大声朗读。早读看似是一件小事，但当这个孩子在从小的认知里便把在家阅读变成一件自然而然的事情时，那就会像吃饭穿衣一样理所当然。

这份"当然"将成就他的一生，你可以推测到，在学校里这个孩子的成绩一定不错，因为他多付出了一些时间来阅读和朗诵，你也会发现这个孩子比其他孩子更自律。

当别的孩子在看电视或百无聊赖的时候，他可以拿起一本书，声情并茂地朗诵，而且享受其中，他从小就有一种高级的精神娱乐方式。这就是父母以身作则的力量。

家长是孩子的第一任老师，孩子会自动地复制爸妈的日常模式，孩子就是父母的影子。如果你想让孩子读书，那你就每天读书，不需要说教，不需要强迫，不需要过度管教。你只管日复一日地去做，就是最好的教育。

俄国思想家托尔斯泰讲过："全部教育，或者说千分之九百九十九的教育都归结到榜样上，归结到父母自己的端正和完善上。"

我们家每个月都有一个整理时间，我们全家花时间最多的就是整理书籍，家里大大小小的书架有 5 个。

书随处可见，妹妹临睡前要读书，在卧室要读书，在榻榻米上躺着也要读书，哥哥是每天雷打不动地阅读半小时。这就造成了书籍多、杂、乱，于是每过一段时间我们就要全家总动员，一起整理书架，整理书籍的过程是一个特别开心的事情。

有时候还会有一些小插曲，比如书里面夹了一张眼膜，我就会直接贴在眼上。小菲尔找到一本画册，有两页还没有画，她就直接在床上拿起画笔作画。哥哥又看到了有趣的历史故事，则趴在书堆上，再回味一番。这让我想起自己小时候的故事，我爸爸爱看书，他有一个抽屉，里面全都是书。

现在我爸爸已经戴上老花镜看书了。我的姥爷也是，93 岁高龄，前段时间刚到舅舅家，第一件事就是去书店买了一堆书。家庭教育是代代相传的，爱书的习惯也是从家庭教育中传承下来的。

最近几年，我们看到了钟南山院士的仁爱之心，也看见了他在医学领域的专业和成就。钟南山之所以成为钟南山，跟他的家庭教育密不可分。他出生于医学世家，父母都是医学工作者，父亲是著名儿科医生，1930 年赴美深造获得美国纽约州立大学医学博士学位，母亲是广东省肿瘤医院的创始人之一。

钟南山自小备受父母的熏陶，他曾回忆道："我同情弱者、乐于助人的那些善举，就是从母亲的言传身教中得来的。"

良好的教育不是给孩子最好的一切，而是父母要以身作则。企业家俞敏洪也有着相似的经历，他曾经说过："我从父母身上学到的最重要的价值观是乐于助人，这使我终生受用。"

教育家托马斯·阿诺德也说："父母的言行是无声的老师，自觉或不自觉的榜样，强有力地发挥着潜移默化的作用。"

之前有个热点视频，成都一个9岁的男孩看见妈妈读研的英语笔记，既内疚又感动。他对妈妈说："对不起，妈妈，我没好好学习。"说完以后，就抱着妈妈大哭起来，表示要把妈妈的笔记留到以后自己备考的时候用。

最高级的教育并不是批评孩子，也不是每天碎碎念，告诉孩子该如何如何，而是父母自己作为榜样，让孩子看见自己的不足，看见自己的可能性，看见什么是积极的行为，看见自己身上的问题，并自发地生出一种改变自我的决心。

专注力的培养也是如此，最重要的不是命令孩子要静下心，而是父母以身作则，成为好的示范。你要在他面前多展示专心做事的样子，而且是真心地沉浸其中，而不是为了让孩子专心而做戏。你可以读一本书、做手工、练书法，或者做一些自己感兴趣的事情。即便是工作，也要给孩子展示一种沉浸式投入的状态。

以身作则或许不能立竿见影，它是个慢功夫。它是一种熏陶，像空气一样，包围着孩子，时间长了，孩子自然就会改变。等你坚持100天、1年，相信你会发现孩子的进步。

总之，家庭教育并没有什么一劳永逸的秘诀和妙招。立人先立心，正人先正己，想要孩子变得专注，认真学习，更加自律，父母要先成为那样的人，给予孩子高质量的陪伴，以身作则。

避免孩子陷入习得性无助

有这样一个寓言，北风和南风比赛，看谁可以把行人身上的大衣脱掉。北风呼呼地吹，寒风凛冽，人们反而把衣服捂得更紧了。南风温暖，一下子行人就出汗了，自发地脱了外套。

这个寓言也被称为"南风效应"，即要改变一个人的行为，让他意识到自己内在的需要。春风化雨，比寒冷的北风更有力量，更能激发个人的自我能动性。

一个人想要做一件事，就必须有一定要做好的决心，而勇气是成功必不可少的因素，训练孩子的专注力亦是如此。很多家长操之过急，想尽办法让孩子早点儿脱离多动症行列，结果弄巧成拙，让孩子陷入了习得性无助的状态。

习得性无助是美国心理学家塞利格曼提出的一个心理学概念。一个人经历了失败和挫折后，面对问题时产生的无能为力的心理状态，心理学家称之为"习得性无助"。塞利格曼当时做了一个经典的实验，把狗关在笼子里，蜂鸣器一响，他就电击狗。经过多次反复以后，即便他打开了笼子的门，只要蜂鸣器一响，狗就会提前倒地并且开始呻吟和颤抖，甚至放弃了逃跑，习惯性地接受痛苦和折磨。

随着研究的深入，心理学家发现这种现象也会发生在人类的身上。如果一个人发现自己对挫折或现状无能为力，他很可能会自暴自弃。习得性无助的人会把不可控制的消极事件或失败结果归结于自身，而不是客观地去分析问题。伴随着习得性无助出现的是自我评价降低，自主能动性减弱，遇到任何挫折都不再挣扎，第一反应就是承认自己的无能为力。

简而言之，习得性无助就是当一个人长期经历失败和挫折后，发现自己无力改变现状，从而逆来顺受的行为。

很多心灵鸡汤都在告诉我们，接纳是一种智慧，是一种境界，但习得性无助的接纳并不是，它是带着一种消极色彩的。

有多动症的孩子特别容易陷入习得性无助，在他们成长的过程中，不管是老师、父母，还是爷爷奶奶，对他们的评价大多是清一色的指责：管不住自己，没办法做好，不专心，三分钟热度。

即便当孩子尝试专心的时候，也不可能一蹴而就，而是常常发现自己又失败了。那种不断被负面评价包围，在各种场景下反复尝试专注又无法专注的挫折，很容易让孩子陷入习得性无助。

因分心而陷入习得性无助的孩子一般有两种极端的表现，第一种是孩子会给予自己非常低的评价。他可能会一直听从父母的安排对抗分心，甚至参加很多训练班，但他的内心一直认为自己做不好，每一次失败都把他的自信磨掉了一点，以至于他日常的表现是畏首畏尾、胆小怕事，不敢跟别人来往，常常觉得自己配不上好的东西，甚至觉得自己是个次等的存在。

另一种极端表现是自暴自弃。孩子已经完全意识到自己没办法改变，进而享受多动症标签带来的便利，以安慰自己，我做不好，是因为我有"病"。

不管是过度负评，还是自暴自弃，习得性无助的孩子都有这几个心理特征：

· **低成就动机**

你会发现孩子无欲无求，当其他孩子积极地去参加运动会，当班干部，在六一儿童节展示才艺的时候，你的孩子永远闷声不响，他对一切自我展示的活动都避之大吉。

· **低自我概念**

你还会感觉到孩子并不在乎他自己，当你问孩子要吃什么、要去哪里玩时，他很少提出自己的想法。即便他想去吃寿司，但知道你想吃牛排，他很可能会迁就你，而不是尊重自己内心的想法。

· **低自我效能**

孩子对自己的能力预估低于实际情况，比如他明明可以独立完成作业，但只要辅导他写作业的人不在身边，他就会很焦虑，甚至不会开始去写作业。事实上，孩子是有能力独立完成的，但他自信心不足，觉得自己不行。

· **消极定式**

孩子内心认定了自己永远是个失败者，不管如何训练和努力都不可能改变现状。当家长带孩子去进行一些培训项目时，孩子往往非常抗拒，他认为自己的问题是无法解决的，而且不想去面对问题。

· **情绪失调**

习得性无助的孩子日常的情绪表现是冷漠、颓丧、被动，常常害怕、胆怯或者烦躁，容易陷入抑郁状态。

对照以上几项表现特征后，你大概可以了解孩子是否存在习得性无助的倾向。我们要如何改变孩子的无助状态呢？可以从习得性无助的来源和成因着手，对症下药：

第一，重建孩子的信心。

习得性无助的孩子收获了很多来自外界的负面评价，日积月累，长期无法获得逆转，最终成了没有自信心的孩子。

在以成绩论成败的校园环境中，孩子成绩不好，老师批评，同学嘲笑，不擅长应试教育模式的孩子，可能没办法从成绩上获得自信。这个时候，家长可以帮助孩子从其他项目里寻找自信，比如孩子擅长的体育运动、兴趣班。只要孩子有天赋，喜欢且擅长，家长就不要去计较这个项目是否能为高考加分，而是让孩子能从中获得良好的自我感觉，这样的话，它就是有意义的。

第二，无条件的爱。

前面我已经提及了很多次，在这里我依然要继续强调，孩子最大的信心源泉是父母无条件的爱。

如果家人能持续给予孩子肯定和关爱，孩子的心理韧性就会很强，即便在外面受到了委屈和负面评价，只要回家跟爸妈倾诉，获得安慰，又可以恢复健康自信的状态。

第三，纠正不当归因。

习得性无助的人，会一股脑儿把所有的问题和失败都归结于自己的无能力和低智力水平，不考虑任务的难易程度，偶尔的成功也会归结为运气好。

家长可以带着孩子进行理性的归因，比如一次考试考砸了，家长要跟孩子分析原因，是试题很难，还是因为孩子粗心大意，或者是做得太慢，来不及完成，切莫简单粗暴地归结为孩子蠢或者没用心。

若是把失败归结于个人身上，而不是具体的问题上，就否定了孩子本身，而不是在寻求解决问题的办法。

第四，停止不正当的社会比较。

很多家长常常挂在嘴边的话是，别人家的孩子考了 100 分，你怎么考不到 100 分？这种对比，除了让孩子觉得自己很差劲，毫无作用。因此，请不要进行这样的比较。

每个孩子都是独立的个体，各有所长，也各有各的道路要走。当一个孩子有足够强大的心理韧性和自信，能够理性地面对挫折时，他迟早会成为一个不错的人，以自己的方式发光发亮。

最高的专注状态——心流

作为一本围绕注意力展开的书，在本章的最后，我们来聊一聊，我们力图让孩子保持专注的最终目标是什么，我们希望通过专注训练培养出一个怎样的孩子。在前面我也提到过，心流是专注的最高级表现。

心流是什么

这个概念是匈牙利籍心理学家、积极心理学奠基人之一米哈里·契克森米哈赖在20世纪90年代前后提出来的。简单来说，心流是我们在做某些事情时全神贯注、投入忘我的状态。

我们或多或少都有过这样的体验，当自己认真做一件事时，忽然屏蔽了周边的一切，而且感觉不到时间流逝，也忘记了所有的烦恼和日常琐事，注意力就像激光一样汇聚在手中的事情上，这就是米哈里·契克森米哈赖说的心流状态。

我们日常的很多活动都能进入心流的状态，比如阅读一本精彩的小说，认真看一部话剧，踢足球，游泳，下棋。甚至是在工厂流水线作业的工人，如果足够专注，也能进入身心合一的美妙心流状态。

这样的状态，其实跟上瘾有些类似，当我们沉浸在肥皂剧或者游戏中的时候，也常常会物我两忘。但二者之间的区别在于，沉浸在低级消遣活动后，你的内心是空白的，有一种怅然若失的惆怅感。

当心流状态结束以后，你会对自己充满信心，产生正向的自我评价，内心会充实而充满幸福感，但不会有上瘾的感觉。

米哈里·契克森米哈赖认为心流是人类提升幸福感和效率的行动指南。我们可以通过在一项工作或者任务中专注，重塑内心秩序的规则，让日常纷扰的心思从熵增状态到负熵状态，让内心归于平静但充满力量。

熵是什么？熵是一个物理学概念，一切自发的物理过程都是熵增，也就是从有序走向无序。负熵，代表的是由无序走向有序的取舍。我们生活在信息洪流里，并不是缺乏信息量，而是被各种信息裹挟和影响，被各种平台抢夺注意力，以致无法专注于真正重要的事情。心流状态，可谓是我们力挽狂澜的最后秘宝。

我们培养孩子的专注力，不仅是为了让孩子可以专注地上课、写作业，专注地学习某一项技能，还希望培养孩子抵抗外界信息诱惑的能力，让孩子能够沉浸在有益于自身成长的心流状态里，体验每个有意义的当下，并从中慢慢地培养自己的技能、兴趣、爱好，甚至是实现自己理想的硬实力。

心流的能力，是让孩子找到内心幸福的一把钥匙。很多人认为高度关注的模式会大大消耗人的脑力，事实上，当你全神贯注，处于心流状态时，可以关闭其他的感觉管道，让思绪免于左右游走，反而减少了大脑的负担。

相反，当你脑子里装了 100 件事，每天都处于思想内耗的斗争中，但迟迟不能去行动，去解决其中的问题，你就会感觉自己充满压力，并且没办法给予自己正面的评价与肯定。

专注与心流的本质

从本质上来说，专注力的养成是一种意识的控制能力，它跟人类其他行为一样，是一种神经系统的运作，是由染色体中的蛋白分子进行指挥的。

意识的功能是搜集组织内外的一切信息，加以分析和评估后，由身体做出适当的反应。这里面融合了知觉、感觉、观念以及各种信息。人类的这一套感知系统意识跟动物无异，是建立在生物本能之上的。

人类真正区别于动物的地方在于，我们能控制自己的意识，不完全受控于生物规律，因此我们脱离了动物性的本能，可以发展出独立行动的能力。

我们常说，每个人都戴着自己的滤镜去看这个世界。这个滤镜，就是人的意识。每天我们从外界接收巨量的信息，意识就像一面镜子，主观地、选择性地营造出我们的现实，并且会主动塑造事件的原貌。

你可以把意识看成一个信息中转站，它能够自行在你每天接收到的信息中筛选出部分你关注或对你有影响的内容。

当我们有一个特定的目标或者意图时，我们的所有注意力就会聚集在这个上面，让精神集中于这一点带来的刺激。这就是为什么当你认为一位同事针对你的时候，你总会找到无数的"证据"来证明他对你怀有敌意。

人的意图，或者说目标，影响着我们所说的意志力，也就是专注力的底层动力。你可以理解为：一个减肥的人，会接收到来自大脑的饥饿的信息反馈，但他有自己的目标，他就能抵抗这种生物本能，去忍受饥饿，甚至享受这种走向成功路上的艰难困苦。

如何进入心流

米哈里·契克森米哈赖在《心流》一书中指出，心流出现在我们面临一份可以完成的工作时。我们必须全神贯注于这件事情，而且这件事情通常有明确的目标和即时反馈。

可完成的工作意味着我们的能力与工作相匹配，而不是让一个画画特长生去搞编程，让对数学不敏感的孩子去做奥数题。这里的心流状态首先要思考的是做什么任务，什么任务跟我们的能力匹配，它涉及的是我们如何去规划一项任务的难度。

比如说，你的孩子对做饭感兴趣，那么他可能首先并不是做一桌年夜饭，而是先做一个煎鸡蛋。在煎鸡蛋的过程里，也同样会专注地投入，会给自己适当的要求和指标。当我们对一项任务有要求，比如煎蛋的形状、火候、时间的把握等，而且这个要求是我们专注后能达到的，我们才有可能专注于这项任务。

我们甚至可以利用任务的设置，把一项无聊的工作变成有挑战性的任务。比如跳绳，我们可以漫无目的地跳，累了就停下来，也可以设定一个目标，第一天跳 5 组，每组 100 下，第二天把每组数量增加到 120 下，第 10 天实现一共跳 1500 下的目标。在这个过程中，每一天你都能感觉到一种挑战性和成就感，你会发现即便是跳绳也可以进入心流状态。

在这里，我们要聊一聊即时反馈的重要性。反馈，就是你知道自己做得好还是不好。当一个孩子练习钢琴的时候，他需要老师指出他哪里的音弹错了，哪里的节奏不对，老师反馈给孩子他是否有进步，或者存在问题。当一个人沉浸在一个项目里时，他对于自己行为本身是没有判断力的，一个专业人士的反馈往往可以帮助他做得更好，反馈能帮助他走出舒适区，一直行走在进步的路途上。把专业的事情交给专业的人，是我的一个行为准则。虽然我会游泳，但是两个孩子学游泳这件事，我是不准备自己教他们的，除非是条件不允许。因为我知道专业人士的反馈比一个业余人员来得更准确，对孩子的能力提升更有帮助。

当然，在日常生活中，给予反馈的任务更多地落在了父母的身上，家长可以提前做一些功课。比如，你的孩子热爱钢琴，虽然你不会弹，但可以多听听优秀的钢琴曲，学会品鉴和欣赏，这对孩子来说有莫大的帮助和意义，也是提升自我的一种方式。

一个人若真正沉浸在心流状态中，就能够深入而毫不牵强地投入行动中，并且在行动中感到一种自我控制的自由感。另外，心流状态的一个非常有意思的体验是，人会感觉自己进入了"忘我"状态，时间感会因此而改变，有时几小时就如几分钟，而有时几分钟却变得像几个小时那样漫长，就像进入了另一个平行世界一般，那种感觉非常奇妙。

那么，在日常生活中，我们如何帮助孩子在心流状态中提升专注的能力呢？简单来说，需要三个基本条件：

第一，有一个清晰的目标。

目标是什么没关系，关键是能集中精神在此，不过目标需要清晰可量化。比如，当你想让孩子复习功课的时候，你需要告诉他，复习哪一个章节的哪些知识点，复习到哪种程度，是默写生词还是背诵全文。

第二，即时反馈。

当你完成一件事时，会有人告诉你做得好不好，是否符合预期效果，有没有偏离之前的轨道。继续上面的例子，当孩子复习完生字生词后，你要去考核他，默写或者抽查，让孩子感觉到自己的努力有成效，为下一次的专注学习做好铺垫和积极回应。

第三，挑战的难度和能力匹配。

这一点很好理解，如果你的孩子本来就是个学霸，你还让他天天背乘法口诀，他必定是不能专注的，因为任务太简单了。同样，如果你的孩子数学考试才考了30分，你却要求他回家做奥数题，那一样是难度不匹配，孩子无法持续专注。

你所设置的挑战目标最合适的难度是，比孩子掌握的知识稍微难一点，让孩子有一点成长的空间，又不至于无法达到预期的效果。这就是我们常说的，站着够不到，但跳一跳能摸到的难度。

如果说孩子的专注力是天生拥有的，那么孩子的心流状态其实也是天然就有的。随着孩子成长，接触的人和事物信息越来越多，而能够保持专注，埋首于钻研复杂的问题或者创造性工作的人，将来肯定是具备高级竞争力的人才。而且最重要的是，这份专注能带来内心的满足感和源源不断的正面反馈，让人生处于正循环之中。

我们在养育孩子的时候，也是在继续塑造自己。心流是一项人人都可以追求和练习的投入模式，不管是孩子还是成年人，甚至老年人，都可以循序渐进地凭借这种专注和投入方式，改善自己的情绪，提高工作效率，提升日常的幸福感和自我的认可水平。让我们跟孩子一起成长，成为可以对抗纷繁日常，专注于自身成长的心流修行者吧！

第五章

习惯养成：
从细节打造专注体质

电子产品是"蜜糖"也是"砒霜"

每个时代的孩子都带着时代的印记,"80 后"的小霸王游戏机,"90 后"的日本动漫,还有现在这一代孩子的电子产品,他们成长于一个个屏幕组成的年代。

孩子看电视和玩游戏成了很多家长的一个大难题,有些孩子从两三岁开始就必须看动画片、看手机才能吃饭。有些孩子三年级就闹着要家长买手机,因为同学们都有自己的微信,就他没有。

关于碎片化信息的弊端,前文已经提到过,大数据的碎片信息推送,正在想方设法地蚕食人的时间和专注力。更可怕的是,它们在影响着儿童的大脑发育与成熟。

相关调查研究显示,孩子在 1—3 岁时,如果每天看电视 1 小时,日后产生注意力缺陷的概率就会增加 10%,且后果往往会在 7 岁后才逐步显现。

18 个月之前要避免看屏幕上的内容,因为幼儿的大脑会把屏幕上的虚拟内容等价于现实的内容，妨碍了幼儿与真实世界建立健康的关系。

3岁之前，孩子需要在真实的世界里探索，练习观察世界，去构建自我与外界的关系，学会与不同的人社交和沟通。

很可惜的是，在孩子小的时候，父母根本就意识不到长时间看动画片、看电视会造成孩子在上小学后无法认真听老师讲课，很多人都在无意识的情况下为孩子埋下了苦果。

你会发现喜欢看电视的孩子，往往难以沉浸于低刺激的活动，比如阅读、写作业、练琴和跑步。因为电视和游戏为人提供视觉、听觉上的刺激，可以让人毫不费力地获得快感。

相对于阅读、做题等需要启动孩子的主观能动性才能进行的活动，看电视就好像沾了蜂蜜的慢性毒药一样，不断地在降低孩子的注意力。

当孩子被封闭在家里，看着电视里花花绿绿的无厘头画面时，孩子的大脑没办法获得足够的锻炼机会，不仅专注力会低于同龄人，而且智商、灵活度和思考的能力也会大大降低。

电视和电子产品的弊端是非常显著的。在城市长大的孩子，爷爷奶奶带娃，家里大门紧闭，老人为了省事，家里电视一直开着，殊不知这一行为就像是给孩子的大脑加入了"麻醉剂"，时间长了，孩子的大脑就不好使了。

我们可以归纳几个显著的弊端，首先，电子产品让孩子缺少玩耍时间，而玩耍能够训练孩子的反应能力、思维能力、动手能力。玩本来是第一天选，也是第一成长原动力。

其次，电视是单向的，游戏是根据上瘾奖赏机制研发出来的，孩子需要的不是自己玩耍，而是与人交流，与同龄人一起社交，来学习语言表达、交际能力。每天都在屏幕前度过的孩子，且不说近视的问题，就是正常的社交能力、表达能力都没办法保证。

再次，过早地接触电子产品，会阻碍孩子想象力的发展，因为他的大脑处于被动摄入的状态，根本没有空间和空隙去发呆、思考和幻想，而创造力恰好需要这些作为土壤。

最后，我们常常说，现在的孩子都早熟，这跟他们过早地接触媒体有很大关系。他们尚在不懂得什么是爱情的时候，就已经听了无数的恋爱金句和名言了。他们只能以简单的方式过早地吸收某些观念，被消费主义误导，造成思维定式，这对于孩子建立三观有很大的弊端。

面对这么严峻的电子产品问题，作为家长的我们该如何应对？其实，只要懂得趋利避害，将"砒霜"化为"蜜糖"就行。

1. 为孩子接种避免上瘾的"疫苗"

我见过很多极端的家庭，他们将电子产品视为洪水猛兽。为了不让孩子看电视，他们把所有有屏幕的东西都搬走，也不让孩子看见自己的手机，甚至有一个5岁的孩子，长这么大从没机会看过一个电子产品。

这种做法虽然用心良苦，但让孩子与时代脱节了。孩子不知道什么是奥特曼，没有听过《孤勇者》，也不知道网络上的一些热门议题。

孩子社交时也需要有自己的谈资，因为孩子有孩子的圈子。当《孤勇者》成为所有孩子接头的暗号，当大家都兴致勃勃地唱《孤勇者》时，唯独你的孩子不会唱，他又如何融入集体呢？只会让孩子陷入自卑。

父母要意识到，我们没办法保护孩子一辈子，我们应该培养的是孩子正确使用电子产品的能力，就好像让孩子产生免疫力一样。

我们没办法把孩子一辈子养在玻璃房里，在无菌环境下长大的孩子，没有抵抗力，也没有对抗诱惑的能力。

这就跟接种疫苗是同一个道理，我们没办法杜绝病毒，但可以为孩子接种疫苗，让孩子拥有抵抗力。我们可以为孩子接种避免上瘾的"疫苗"，让孩子对抗电子产品的负面影响，甚至可以利用其有利的方面，让它变成生活和学习的助力。

我的建议是，让孩子看电子产品这件事成为培养自律的训练场。在孩子很小的时候，可以有意识地引导孩子共同制定电子产品的使用规则，比如一次看几集动画片，看多久，看什么类型的内容。玩手机也是可以的，一次玩多久，玩什么游戏，这些都做好规定。这一方面保护了孩子的视力和大脑，另一方面也培养了孩子的自律习惯，让孩子从小有管住自己的能力。

2. 让孩子有事可干，因为越无聊越会依赖电子产品

大人也好，孩子也罢，很多时候都是因为无聊才会一直沉迷于电子产品。试问，你带孩子去迪士尼的时候，他还会要求你给他看动画片、玩手机吗？

我们总是习惯性地，只要在家里坐着，无事可干，就打开电视。电视在家里的作用就像一个麻醉药物，孩子哭闹看电视，孩子无聊看电视，想让孩子乖乖吃饭，看电视。寒暑假，孩子一个人在家里，老人带娃，为了省事，依然是让他看电视。

很多时候，照顾孩子的人为了省事，给孩子看手机、看电视，最后发现随着孩子长大，越来越离不开屏幕了。

我们要让孩子有事可干，并探索做事的乐趣，比如收拾房间，拼积木，听儿童故事电台，学乐器，打羽毛球，读书，画画，跟家人聊天。总之，每一个事项都可以有它的有趣之处，当孩子玩不过来的时候，自然也不会沉迷和依赖电子产品。

3. 改变电视作为家庭中心的格局

环境可以改变人的行为习惯，如果每天一回家就躺在沙发上开始看手机，那你可以考虑把沙发换成红木的，让你坐有坐姿，没有了舒服地躺着的环境了，自然就不爱看手机了。

我有个朋友，当她意识到孩子过分沉迷电视的时候，她直接把电视柜和电视撤掉，在客厅做了一面书墙，把客厅变成了小型图书馆。当家里的功能区域不存在电视时，就可以避免孩子一回家就开始看电视的问题。

关于客厅功能的新探索，我们可以根据孩子的兴趣顺势而为，比如阅读角、拼图区、乐高墙、绿植区等都能成为孩子的乐园。

4. 看见电子产品的"功利"作用

电子产品只是一个工具，当我们积极地运用它时，你会发现孩子可以从中学习到很多知识。比如一些口碑很好的纪录片、英文启蒙课程、少儿科普节目、线上画画课、诗词节目、经典的动画片，都可以为孩子提供养分。

父母可以把看一些老少咸宜的节目作为亲子陪伴的方式。比如，跟孩子一起看《狮子王》，看完以后，尝试跟孩子互动，问孩子有什么感受，有哪些地方觉得很难过、感动，或者有什么想法。把好的动画片和节目作为交流的方式，会是一次很好的亲子教育。

看电视也好，看手机也罢，都是不可避免和必不可少的生活组成部分，当我们以正确的方式来开启它、利用它时，就可以把"砒霜"化为"蜜糖"。

让孩子成为自己的管理者

早上六七点,妈妈手忙脚乱地给孩子穿衣服、挤牙膏,将水杯装满,将鞋子、袜子准备好,还一身大汗地做出了营养早餐,孩子慢吞吞地走过来,极其缓慢而不情愿地去刷牙,然后慢吞吞地吃早餐,而且挑食,在本该穿鞋子出门的十万火急时刻,他却躺在沙发上看窗外的小鸟。

心急如焚的妈妈只能不断地催促孩子:"赶紧穿鞋子,都要迟到啦!"孩子一脸不情愿地收起了心思,仿佛才回过神来,又慢吞吞地去穿鞋子。这个场景估计每位家长都不会陌生,不慌不忙的孩子和十分紧张的家长,几乎在每个要上学的早上都必须上演同一出戏。

孩子累,大人也累。为什么孩子如此不紧张?为了让孩子不迟到,家长要么暴跳如雷,要么事事代劳。其实,还有第三种办法可以解决这个"困境"——培养孩子的时间管理能力。

孩子之所以不慌不忙,是因为在这一系列动作中,孩子并不是主体，他只是一个被家长摆布的对象，几点起床，是先穿上衣还是先穿裤子，吃什么早餐，几点出门，这一切都被家长安排明白了。他甚至不需要去看时间，不用担心迟到，因为已经有人替他担心了，而且一直如此。

家长所以为的照顾，往往让孩子变得更脆弱。心理学家埃里克森认为，在幼儿阶段，如果孩子得到自我管理的机会和支持，他们就会发展出自主性，拥有独立行为的能力和意志力，以及自由选择和自我控制的能力。

当一个孩子没有机会发挥主观能动性的时候，他自然会变得很懒，反正他也不是那个决策者，反正他抗议也不会有人听，所以他干脆选择当个行尸走肉般的服从者。这么看来，孩子如此慢吞吞，如此不紧张，如此没有热情，是不是可以理解了？

如果想要扭转孩子的行为模式，家长就要把管理的权利交还给孩子。这是他的人生，他迟早要为自己的每一件大小事做出决定，并为之奋斗。这项宝贵的能力需要从小培养，而时间管理又是其中最关键的，因为我们所有的事项都是以时间为单位而测量的，我们所谓的注意力不集中，也不过是以时间为测量单位而评判的。

因为父母和照料者的包办式照顾，孩子总像个扯线木偶一样，被安排妥当，这会让孩子形成依赖心理，觉得反正有大人的提醒，索性就不起床；或者产生逆反心理，大人越是催促，孩子越是拖延。

时间管理能力对人的一生都至关重要。爱因斯坦讲过，人的差异产生于业余时间。如何认知时间，如何管理时间，如何跟时间交朋友，是亲子教育中重要的一课。要想让孩子有时间观念，能够安排好自己的时间，就要从以下三个方面入手：

1. 塑造孩子的时间观念

时间是一个很抽象的概念，家长如何把这个抽象的概念讲清楚？对于不同年龄段的孩子，有不一样的小技巧。

对于2—4岁的孩子，我们可以把时间视觉化，用双手比画时间的长度。当孩子看电视的时候，我们可以告诉孩子只能看20分钟，然后用手比画长度。10分钟以后，我们再来提醒孩子，只剩下一半的时间，再用手给孩子比画一次时间长度。剩最后5分钟时，也这样比画。如此类推，孩子就会清晰地感知到时间是有长度的，而且能慢慢感觉到5分钟、10分钟代表的是多长的时间。

当孩子五六岁的时候，我们也可以用可视化的沙漏来让他感知时间。市面上有很多不同时间长度的沙漏，比如5分钟、15分钟、25分钟，可以作为写作业、看电视、玩游戏的时间计量工具，是非常好用的。

6岁以上的孩子，可以学习看时钟，我们可以告诉孩子每一个小格子是5分钟，通过数格子，建立时间和钟表的关系。当孩子慢慢建立了时间的概念以后，我们才可能带着孩子去管理时间。

2. 带着孩子建立自己的时间规则

前面我们也提到过，让孩子自己来规划玩电子产品的时间，这也是时间管理的一个部分。这里面有三个简单的小步骤。

我们以练字为例。首先，我们要放一个闹钟，看看孩子1分钟能写几个汉字，让孩子对时间、事件和完成程度有一定的概念。

其次，要有一个目标，比如3个月学会基础的300个汉字写法。再来做目标分解，一个月学100个字，一天写3—4个字。那么，练习1个字的时间是10分钟，因此孩子每天需要练字的时长是30—40分钟。

最后，让孩子自己来决定，练字时间放在什么时候，是放学后还是吃饭前，或者睡觉前。其实具体的时间问题不大，关键的意义在于孩子自己安排的时间，他会动力满满地去完成。

通过对这些小事件的时间管理，孩子会逐步建立起一种我是自己的时间的主人的自豪感，更加有动力去做有意义或者有趣的事情。

这比家长追在孩子身后，让他练字要有效果一百倍。另外，为了提高孩子的成就感，我建议每天完成目标后，给孩子一个积分或小红花，或在计划表上打钩，形成一种仪式，这对鼓励孩子第二天持续努力有很大的意义。

同样的道理，早上上学也可以由孩子自行安排。从几点起床，到先穿外套还是先刷牙，再到吃什么早餐、在哪里吃早餐，都可以征求孩子的意见。我们只需要告诉孩子，从家里到学校要花费多少时间，几点就算迟到。可以做孩子的军师，但不是决策者。

聊到这里，相信有很多家长还是很担心孩子管理不好时间，担心孩子上学迟到。其实，迟到又不是什么洪水猛兽，如果孩子老是拖拖拉拉，就让他迟到吧。老师的一次批评教育，会比家长念叨一年管用得多，而且不伤害亲子感情。

五六岁以前，大部分孩子不具备规划全局的能力。这个时候，家长要把任务细分，一件件列举出来让孩子做。比如拿书包、背上书包、穿鞋、戴红领巾，引导他去完成，但记得不要催促，要坐下来耐心地等着他。家长甚至可以拿出手工或者一本书，边做手工或看书边等待，只要留有足够的时间，孩子一定可以独立完成这些简单但很有成就感的小事。

当孩子大一点的时候，家长可以直接说出关键的步骤，比如，我们要完成三件事，背上包，换上鞋，再把灯关掉。家长先说一次，再让孩子去执行。

3. 通过小妙招管理孩子时间

时间管理大概是所有人的共同课题吧，我们熟知的四象限管理法、番茄钟管理法等对孩子来说可能有点枯燥，在这里我分享几个有趣的时间管理方法，让大家跟孩子沟通起来更有趣，更能点燃孩子的行动热情。

· 打怪兽管理法

其实就是目标管理法，把孩子的大目标、中目标、小目标、小小目标理清楚。分别把目标称为大 boss、中 boss、小 boss、小小 boss，让孩子有一种打游戏升级的感觉。家长可以情绪高昂一点，不必每天都板着脸，让孩子感受到打怪兽是一件好玩的事情，而不是一件苦差事。在孩子的世界里，并没有那么多预设，拖地也可以是有趣的，写作业也可以是好玩的，只要我们不过多地给他们灌输一些负面的情绪，孩子就可以保持积极的心态去进行任何挑战。

· 抓高光法

人在一天的不同时期状态是不一样的，我们要利用关键期高效学习。大脑有四个最清醒的时段，分别是清晨起床后、上午 8 点到 10 点、晚上 6 点到 8 点、睡前 1 小时，做事情效率倍增，我们可以把重要的事情安排在这些高光时段，做到事半功倍。

·田字格法

画一个小方格，将学习、运动、娱乐、爱好四个类目放到相应的格子里，清晨列出每个格子要做的事情，晚上来做检查，看看孩子完成了多少。这是一个简化版的四象限管理法，而且非常平衡地涵盖了四个方面，我个人很喜欢这个管理方法。

·5 分钟法

有些孩子有拖延症，而且有畏难情绪，那么我们可以跟孩子说，先开始做 5 分钟，5 分钟过后，可以放弃，或者也可以再坚持 5 分钟。一般来说，最难的就是开始，一旦开始了 5 分钟，基本可以上轨道，进入状态。它跟微习惯管理法有异曲同工之妙，实则就是把启动的阻力降到最小，是非常有效的小技巧，我也时常这样"劝说"自己好好工作。

通过时间管理，可以培养孩子的主观能动性和自我管理的习惯。愿意进行自我管控的孩子有一个共同点，自我期待比较高，他们会有努力上进的意愿，并愿意为之做出努力，因为他们知道自己是有决策权的。

孩子时间管理的内核，就是让孩子知道时间是自己的，不是他人的。该放手的时候，家长就得放手，让孩子按自己的想法来管理时间。家长应该改变一直高高在上的姿态，这是孩子的人生，也是孩子成长和锻炼的过程，更是孩子一生的财富。

达·芬奇也有拖延症

你知道哪个名人患有多动症吗？世界名画《蒙娜丽莎》相信大家都不陌生，它的作者达·芬奇就是一名多动症患者，他此生留下的作品不到 20 幅。原因是他有非常严重的拖延症，大部分画作和雕塑都被搁置了。

达·芬奇最早被雇用的记录是在 1478 年 1 月 10 日，佛罗伦萨皇宫请他画一幅用来祭奠的装饰画，报酬非常丰厚，但他一直没有完成……他未完成的著名作品《岩间圣母》，也是一拖就是 13 年。就连教皇请他画肖像画，他也一直没画出来，因为他试图调出一种新的清漆来画尊贵的教皇，结果就陷入了对不同香油和植物的研究中，最后让教皇无比火大。连那闻名世界的巨作《最后的晚餐》，也是达·芬奇在雇主的威逼利诱下完成的。幸好当时有人逼一逼他，不然我们就没有机会看见这幅大作。

研究者们发现达·芬奇手稿里大半都是未完成的作品和各种奇思

妙想。后来神经学家做出了解释，达·芬奇可能患有注意缺陷多动障碍，也就是俗称的多动症，他的典型特点就是：持续性拖延，无法完成任务，经常走神，坐立不安，难以专注久坐。

这样爱拖延的达·芬奇，是不是因而一无是处？并不是，这种对世界充满好奇的拖延症恰恰成就了他。1489年，达·芬奇受委托为一位公爵的父亲做一座骑马的铜雕纪念碑，他先是研究公爵的父亲，后来又研究马，在动手做雕塑之前，他还解剖了一匹马，绘制了大量的解剖手稿，因此他打算开始写一本解剖马的著作……顺着研究马的思路，达·芬奇又开始研究马厩管理，设计马厩的管理系统，比如食槽填充等。与其说达·芬奇是为了完成画作，或者某个雇主的订单，倒不如说他是借着不同的工作，进入了一个个崭新的领域进行研究。

即使患有注意缺陷多动障碍，也不妨碍达·芬奇成为一位伟大的艺术家。如果你的孩子也有同样的病症，那么请把达·芬奇的故事讲给他听：不要在乎别人对你的评判，发挥自己的长处，同样可以成为一个对社会有价值的人。

长久以来，我们都只看见了拖延症的问题，却没看见它的另一面。其实很多名人的拖延症也是非常严重的，但这并不影响他们有所成就，因为他们在不断高效利用时间，不断探索自己能力的边界。有时，我们会认为多动症孩子必然会拖延，但拖延问题的形成是多方面的。我们可以做一些小规定，来鼓励孩子从写作业开始改掉拖延的习惯。

1. 帮孩子设置奖赏机制

在孩子完成作业后，让孩子做自己喜欢的事情，以此作为奖励，比如看漫画书、散步、玩游戏。如果一眼看到尽头的都是劳作，谁又会有动力去好好写作业呢？奖赏的设定是非常有鼓励效果的，不妨多多投孩子所好。

2. 让孩子为磨蹭付出代价

与其想方设法去规避磨蹭的后果，不如让他碰一次壁。一个孩子硬是要在下雨天玩轮滑，劝说无效，那最好的办法是什么呢？是明令禁止，还是用别的诱惑来分散他的注意力？

对于想做又未完成的事情，人总是会耿耿于怀的，那就不如让孩子做一次，在戴好护具之后，让他去玩，假如摔倒了，孩子就只能接受这个后果。当然，作为父母，不能在事后幸灾乐祸，说一些"我早就跟你说过，你又不听"之类的落井下石的话，而是应该真心地关怀孩子，告诉他为什么下雨天玩轮滑容易摔倒。父母甚至可以问他，下次下雨天，还会选择轮滑吗？还是说想去做别的事情呢？趁机为孩子做一次情景预设的演练，让这一摔成为有意义的教育契机。

3. 把枯燥的写作业玩出花来

我们都当过孩子，写作业是真的枯燥，抄写生字，做数学题，背诵课文，想想就不是什么妙趣横生的事情。孩子对写作业的抗拒，也是可以理解的，但机智的父母可以为孩子写作业加点趣味。比如，15分钟内写完一页的生字，就可以参加套圈圈活动。你可以在家里把孩子喜欢的零食排一排，让孩子用小圈套套，有趣好玩，又能让孩子充满动力。类似的奖励和活动家长们可以自由发挥来策划。

另外，还可以把写作业变成一种挑战。比如，这一页纸里面争取不写错字，不用橡皮擦，做一次拒绝橡皮擦实验，对于孩子来说，也能为枯燥的作业时间增加不少趣味。

4. 番茄钟+微习惯管理法

作为一个时间管理达人，我曾经用过很多时间管理工具，对我来说，最有效的就是番茄钟+微习惯管理法。

番茄钟前文也讲到过，以25分钟为一个番茄时间，选择一项任务，在25分钟里专注工作，到了时间就休息5分钟，可以喝水、跳绳、看看远方等。随后开启第二个番茄钟，每三个番茄钟之间安排一个15分钟的长休息。

一般来说，孩子复习和日常写作业，只需3个番茄钟就差不多了，专注一个半小时的效率能抵得上一边玩一边写作业一整个晚上。

另一个绝招是微习惯管理法，是把看似困难的工作拆分成非常微小的任务。比如，把25分钟的力量训练简化为做一个俯卧撑。虽然看上去一个俯卧撑毫无作用，但是你会发现，当你做了第1个俯卧撑后，就可以做第2个、第3个……第20个，甚至超过25分钟。

当孩子面对作业不想写的时候，你也可以用这个方法，让孩子先写第一行生字，并在他写完之后给出真诚的鼓励："你现在的字比之前好看了……你看，你是可以做到的，才花了2分钟，如果你继续下去，不到15分钟我们就可以去公园玩了。"

孩子的生活经验几乎为零，他们喜欢有趣的、被认可的、有成就感的活动。写作业确实有点背离孩子的天性，但是如果我们能用以上四种方式来引导孩子，总有一天孩子会享受写作业、享受一个人独立完成任务的成就感和自豪感。

除了对于作业和任务本身抗拒外，有些孩子磨磨蹭蹭，还是为了获得家长的关注。孩子都是很机灵的，当他发现他做不好一件事，或者没办法完成作业的时候，父母会对他非常关注，他就会为了获得父母的关注而一直做不好这件事。

日常生活中，可以好好观察孩子，如果一旦你在场，孩子就"不会"做很多事情，但是你不在，他吃饭、洗澡、写作业都毫无问题，那就说明孩子对你非常依赖，你日常对孩子的关注和陪伴不够，以至于他用一种破坏性的方式来实现亲子陪伴的渴求。

另一种催生孩子拖延的原因是，家长过度干预。孩子每写一个字，家长就说这里不行，那一笔不好，又拿着橡皮擦给他擦掉，孩子不断地被否定和打击。试问，谁能在一个不断被打击的事情上保持兴趣？

这个话题说到底，依然是第二章谈论过的安全感的问题，只有孩子的内心有足够的安全感，父母正常陪伴，孩子的行为才不会扭曲。很多家长把孩子的"毛病"都归结于孩子本身有问题，但一个孩子能有什么问题？

所谓的问题，都是不健康的家庭关系和教育带来的。当我们面对孩子的拖延症问题时，也需要有同样的认知能力。内驱力、专注力和行为模式，这些因素综合起来决定了孩子能否成为一个有强执行力的人。总之，孩子身上的各种"问题"只是表象，根源还是在家庭教育本身。

如何科学地写作业

写作业大概是家庭矛盾中最突出的一个。辅导孩子写作业，基本上都会鸡飞狗跳。做一个高效的陪读家长，需要有全面而科学的认知，要学会透过事物看本质，了解孩子为什么不想写作业，弄清楚如何引导孩子独立完成作业，不同年级的孩子需要给予怎样的陪伴和指导。

与其羡慕别人家的学霸孩子，不如去培养自己孩子的学霸体质。是的，学霸是一种体质，是一种从小被培养起来的全方位的学习习惯和方式。真正的学霸，并不是书呆子，也不需要爸妈、老师跟在后面鞭策，他们是自发地喜欢学习，而且能从学习中找到快乐和甜头。当你喜欢一件事情，并能从中得到成就感时，你会发现其乐无穷。同样的道理，学习也可以变成一种有趣的游戏，成为孩子成长路上的闪光点。

父母辅导孩子写作业的四个坑

第一个坑，父母当好军师。

有些家长一旦看见孩子卡住了，没办法进行下去，就在旁边出谋划策。要知道，不同年级和科目的知识点和解题方法都是不一样的。我们这一代的家长读小学已经是二三十年前的事情了，而且教材一直在升级换代，可是家长辅导孩子写作业，往往是按当年学到的方法或者一个自己想当然的模式来进行的。

这个时候孩子往往会表现出不情不愿、磨磨蹭蹭，或者会反驳说，"老师不是这样说的"。本来就上火的家长开始进入暴走模式，开始吼孩子。当家长崩溃时，孩子就会进入"战"或"逃"的模式。面对父母，孩子多数只能选择逃避，于是出现了磨磨蹭蹭的状态，越这样，家长就越发上火。

第二个坑，培养出孩子的依赖习惯。

不得不感慨，有些家长真的非常"伟大"，为了辅导孩子，会重新学一次教材，甚至还专门上网课学习。这一类的家长确实具备了辅导孩子的硬实力，但他们贴心的辅导引起了另一个问题：没有家长在身边，孩子连写作业的勇气都没有。因为他知道，爸妈知道正确的答案，每做一题，都要父母确认，害怕自己写错了。父母偶尔加班或忙碌，孩子竟要等到十一二点父母回家才写作业。

第三个坑，父母额外给孩子布置作业。

让孩子赢在起跑线上的想法，大家都有，有些妈妈陪读非常专业，在孩子写完作业以后，还给孩子布置作业。这就造成了孩子不太想那么快完成学校的作业，因为他知道还有妈妈布置的更难的作业在后面等着呢。想给孩子"加餐"，也得提供额外的鼓励和奖赏，而不是让孩子感觉作业永远都不可能写完。

第四个坑，孩子做作业和复习，想到什么做什么。

孩子每天放学后，应该先复习，然后写作业、整理错题，最后预习第二天的课本内容。这套步骤看似简单，却是每个环节都不应该缺少。如果一上来就想让孩子写完作业，也不去复习，那孩子学习的效果就会大打折扣。

小学生作业辅导方案

家长在给孩子辅导作业的时候，如何提高孩子写作业的速度和效率呢？在此分享几个小学生作业辅导方法。我想很多家长都把写作业的程序搞错了，导致孩子在写作业过程中一会儿去趟厕所、一会儿喝口水，又拖拉又磨蹭。那么，正确的程序是什么呢？我们要做三个方面的准备：身体准备、生理准备、物品准备。

（1）身体准备

孩子学习了一天，大脑累了，肚子也饿了，回到家第一件事一定不是马上写作业，而是补充能量，吃水果。因为水果里有果糖，吃了后很快就变成葡萄糖，即血糖。大脑神经细胞工作时需要的能量是葡萄糖，孩子大脑工作了一下午，他身体里的葡萄糖消耗得差不多了，当水果补充到位，大脑有了能量后，然后再去做作业，就会特别高效。

（2）生理准备

很多孩子在写作业时会借助上厕所的机会，出来看看大人在做什么，再磨蹭一下，所以，生理准备就是写作业前上厕所，排空尿液，不允许中途找任何生理借口离开座位。

（3）物品准备

你发现没有，写作业磨蹭的原因是桌面上总有能吸引孩子注意力的小玩具、废纸等，而物品准备就是要准备好所有的学习用具，与学习无关的、能干扰孩子学习的东西，不要出现在孩子书写的桌面上，一律清走。

有条件的也可以在孩子做作业前进行有针对性的注意力训练，比如舒尔特方格、固点训练等，这些都有助于孩子集中精神来完成作业。另外，我们应该意识到小学阶段各年级都有不同的有效陪写作业方法。

· 一二年级

小学一二年级是孩子极其依赖父母的时期，也是建立小学学习习惯的黄金期，这个时候狠抓就能产生事半功倍的效果。这时的孩子心智还不成熟，什么都未知，家长给孩子灌输的理念、孩子形成的认知、孩子养成的习惯都至关重要，这也是孩子对一生学习的"第一印象"。我们可以从以下四个方面来加强对一二年级孩子的管理：第一，写字工整度；第二，做作业速度；第三，课前预习；第四，陪伴。当然这个阶段最重要的就是陪伴，要和孩子一起完成所有的学习细节。

一二年级需要注意的是，不要把第一名、考高分当作最重要的事情，而是要鼓励孩子"自己今天比昨天有进步""跟自己竞赛"，另外还要培养孩子每天朗读、写简单日记的习惯。总之，在一二年级一定要培养好孩子的学习习惯。

· 三四年级

小学三年级是孩子学习逐渐定型的重要时期，这时的孩子有了自己的主见，所以又是一个不稳定的阶段。三年级后，家长不用再跟一二年级一样坐在旁边陪伴孩子做作业了,孩子开始主动积极地接受新知识,但这个阶段要教会孩子做计划表、整理错题、做笔记。有很多家长习惯用题海战术,其实光是做题数量多是没有用的,还不如给孩子准备一个错题本,把这些时间挪到整理错题上来,让孩子每天把做错的题改正过来就可以了,既节省了时间,又养成了整理错题的习惯。

还要注意,三年级时要让孩子开始培养一项可以长期坚持下去的体育爱好。关于运动对孩子成绩和状态的提升,我们在前面的章节里已经讲过。

·五六年级

到了小学高年级以后,不用再过问课业细节了,只要在他偶尔犯懒的时候提醒他,遇到挫折的时候鼓励他,在他实在找不到解决办法时跟他一起寻找方法就行。是不是很轻松?这时候孩子有了自主学习的能力和适合自己的学习方法。也就是说,当我们在小学阶段帮孩子把良好的学习习惯养成后,随着孩子年龄的增长、年级的增高,我们会越来越省心,慢慢到了高中,就会更加省心。

最后,大家还记得我前面说过的大脑学习效率最高的时段吗?写作业一定要抓住这几个时段,善于利用。如果家长能帮助孩子抓住这四个时段,那么孩子的学习就会事半功倍。

第一个时段,清晨起床后。这个时间段被称为"记忆时间段",大脑经过一夜的休息,处于一个活跃的状态,身体刚被唤醒,能量满满,这时候非常适合攻克记忆难关,我建议孩子背诵课文、英语单词、古诗、数学公式等。

第二个时段,上午8点到10点。早餐已经转化为能量,大脑的神经兴奋水平很高，这个时间段大脑的思考能力非常强，很适合去攻克难题，比如数学应用题、几何题等，这也是为什么学校的课程表一般都把主课排在上午第一二节课。

第三个时段，晚上6点到8点。这个时段大脑逐步恢复活跃，很多人都习惯用来复习和背诵，其实这是大脑活跃而灵敏的时段，可以用来建立知识网络，比如梳理知识、整理错题、提炼考点和做习题巩固知识等。

第四个时段，睡前半个小时到1小时。这个时候，大脑处于放松的状态，这个时间段被称为"复习时间段"，是复习白天学习的知识点的最佳时间。就像放电影一样，把老师白天讲的知识在大脑里过一遍，最后再留10分钟预习第二天要学习的内容。做完这个事情再入睡，你会发现因为没有其他事情的干扰，第二天早上起来，头天晚上复习的功课在大脑当中留下的印象会特别深刻。

科学地陪伴孩子写作业，当孩子有了好的写作业习惯后，很快你就会发现，孩子可以自主地学习。而我们广大的"陪读家长"，最终目标不就是让孩子自主学习，不需要陪读吗？

规律生活比自律更重要

我经常被身边的朋友说，你们一家人好健康啊！健康是因为我们家过的像是老年生活，每天晚上，孩子8点洗漱，8点半上床，读书半小时，9点多全家就集体进入了睡眠状态。第二天早上，大人6点半起床，孩子7点起床，各自收拾好自己，该上学的上学，该上班的上班，开始崭新的一天。

即便是周六周日，我们家的状态亦是如此。这样的作息，自然也就没了消夜的机会，孩子长得不胖不瘦，身高属于中等偏上，也基本不生病。

为了保证孩子的睡眠时间，让孩子一整天保持一个轻松愉悦的心情，早上我们的日程安排都不会太紧张；孩子放学回家后的时间，我也进行了比较合理的规划。这段时间怎么分配，决定了孩子的状态、成绩以及与同龄人的差距。

从孩子放学回家到上床睡觉这段时间，可以做如下安排。

运动、专项训练时间

如果孩子一回到家就要开始写作业,他是很难安下心来的,一会儿上厕所,一会儿喝口水。一定要把运动放在写作业前,为什么?经历了一天的学习后,孩子的身心都是疲惫的,进行一些他感兴趣的运动,能让他恢复精力。

另外,在写作业前做运动,可以抑制他写作业过程中的各种小动作,当他已经消耗身体多余的能量后,就可以更专注地写作业了。当然运动也不是随便选择的,最佳的选择是跳绳,这项运动很多儿科医生也推荐过,它不仅可以消耗体能,还能锻炼专注力、身体协调能力,等等。

当然,还有一些写作业马虎磨蹭的孩子,要安排做专项训练,比如,提高书写速度的手眼协调训练,改善马虎的查漏补缺训练,减少看错行抄错数的补充数字训练。

补充能量时间

在正式开始写作业前,还有一件很重要的事情要做,就是补充能量。孩子的大脑已经工作一天了,在学校进行了长时间的学习和思考,接下来还要花费一两个小时来进行高强度的学习,就需要提前补充能量。

注意,补充能量一定不是吃晚餐。建议孩子在晚餐前尽量完成作业,因为人饱餐后大脑处于懈怠放松的状态,没法进行思考。这个环节中,可以补充一些含糖分的水果,比如葡萄、苹果、橘子等,可以让肚子有饱腹感，支撑一两个小时。

写作业时间

经过运动和补充能量之后，可以正式进入写作业阶段。如何辅导孩子写作业，之前已经讲过了。在此补充一点，家长一定不要有事没事就在旁边坐着。即便是有时必须辅导孩子，也要做到讲完了就离开，让孩子独立完成作业。

因为家长坐在孩子旁边，其实就是在干扰孩子的专注力。所以，最好让孩子先把所有会的都完成，不会的放到最后，统一再由家长来解答。记住，家长解答前还是应该让孩子自己先检查，这个习惯是很重要的。

亲子交流时间

完成作业后，建议家长留出亲子交流的时间，哪怕是废话，哪怕是碎碎念，也要和孩子多交流。这个习惯很重要，如果你从来都没有过这碎碎念的习惯，你会发现，有一天他到了青春期，你融不进他的世界了，他的问题你束手无策，或者他根本就不愿意跟你讲任何事。

不知道该如何沟通，这是很多家长在孩子青春期时最大的困扰，而如果从孩子小时候起就养成了亲子沟通的习惯，那么青春期与孩子的交流就会省心很多。

亲子交流时间可以安排在写作业后，晚饭或饭后的休息时间，家长可以边带着孩子做家务，边跟孩子聊天，收拾和沟通两不误，还能培养孩子参与家务劳动的好习惯。

睡前阅读时间

差不多到了晚上 8 点半，我儿子洗漱完毕后，我们就会进入睡前阅读时间，即便是妹妹，也会翻着自己的绘本来看，平时没有阅读习惯的爸爸也能跟上节奏。基本上，每天 9 点半我们全家就已经进入梦乡。

是不是看起来很神奇？在这样一个智能手机流行的时代，孩子们不怎么玩手机，成年人竟然也没有熬夜吃夜宵的习惯。

其实在哥哥上学前，家里也不是这样的。那会儿哥哥在幼儿园，每晚下班后，我拖着疲惫的身体回到家，终于有了自己的时间，8 点刚好是夜生活开始的时间。

忙了一天，我怎么可能那么轻易就上床入睡呢？于是就各种熬夜，甚至带着哥哥一起，半夜吃个炸串、肯德基全家桶，不亦乐乎。

后来，哥哥要上小学了，看了小学的作息时间表，我们开始给哥哥制订严格的作息计划。结果，只有孩子上床准备入睡了，其他家庭成员照旧晚睡，孩子不踏实，总是找各种借口出来喝水、上厕所，看一下大人在做什么。

于是，我们开了家庭会议，决定全家一起改变作息习惯，共同制定作息时间表，开启了早睡早起的规律生活。一开始的时候，爸爸是最不能坚守的，总是在关灯后偷偷看手机。后来我想了一个法子，就是把妹妹塞给爸爸，由他来哄睡。一个吃奶的小朋友，哄睡时必须没有光亮、没有声音,结果就是爸爸经常熬不过妹妹,妹妹没睡,自己就已经睡过去了。

现在,全家的作息都很健康。这就是我们一家人的"老年作息"调整过程,目前还是蛮享受的。如果你也体验过,第二天的精神状态一定会非常好。

如何把厌学生变成优等生

孩子专注力不好，带来的影响是一连串的。最重要也最显著的一个影响是，孩子的成绩不好。虽然现在都在提倡快乐教育，但我不得不理智地说一句：只要中、高考依然存在，孩子依然需要分数，那么学习成绩就是我们必须面临的一座大山。

学霸与普通学生的区别

根据我多年从事教育工作的经验，在此总结一下我见过的学霸都有哪些方面的共性和特点。通常来说，学霸都会在以下四个方面发力：

- 作业方面

普通学生写作业就是为了完成老师布置的任务。学霸不会以完成作业为任务，而是把每一次做作业都当作一次考试，通过写作业的方式，来复习和巩固每天学习的知识点，同时还会把错题整理到错题本上，因为临考前看错题本，是最简单有效的复习方法。

·预习方面

普通学生觉得预习没有必要，反正老师上课还会再讲一遍，而学霸非常注重预习，他们通过预习提前知道这节课的要点在哪里，还会用不同颜色的笔提前标注出来。第二天，再带着问题去听课，就会更加有目的性。所以，每次你看到学霸都能积极回答问题，这都跟提前做预习有关。

·时间方面

普通学生就是被动听安排，别人怎么做他就怎么做。学霸则不同，他们有自己的时间规划，哪些是最重要的、哪些是比较重要的，先学什么、再学什么，安排得非常合理。他们还会有自己的周末学习计划，同样是 24 小时，他们会安排得紧凑高效。所以，你看到的学霸都是学得很轻松，实则他们都是时间管理的高手。

·听讲方面

普通学生听课会经常开小差，偶尔走神溜号。而学霸则是把课堂的 45 分钟当作战场，每一分钟都高度集中，不允许自己溜号，而且他们的抗干扰能力也极强，不会受别人影响。

你发现了没有，学霸不仅仅学习有技巧，而且十分自律，懂得管理自己的时间，执行力很强，抗压能力也很强。我们说的学霸，不仅仅成绩好，而且是全面发展，他们对学习有极高的热情，对新事物有探索的好奇心，有自己的兴趣爱好和才艺。就像2022年冬奥会中万众瞩目的谷爱凌，她是一个各方面都闪闪发光的真学霸。

家长要做的三项功课

普通家庭能养出一个学霸吗？我们需要做的并不是盯着孩子的成绩和学习，而是全面培养孩子的各种能力，让孩子最终成为一个名副其实的学霸。那么，我们要如何才能把厌学生变成优等生呢？

我们要认识到一点：每个孩子都有自身的特点，学习差一点的孩子有时候被称为"差生"，因为得不到更多的关心，甚至厌学。其实只要家长肯为孩子去改变，就算不能个个都成为学霸，但至少家长可以帮助孩子少走弯路。家长需要在孩子改变之前做好以下三点：

第一，家长要学会闭嘴。没有任何一个孩子希望自己是一个差生，当你对孩子说，学习不好，长大后你就去捡垃圾，你看别人家的孩子都能考好时，请马上停止，不要再讲，这种语言伤害只会让他更想放弃自己，更加厌学。

家长的负评对孩子来说就是一个万丈深渊。别以为激将法会有用，你会发现孩子在你一次次的打击下，会把头埋得更低，最终低到尘埃里去。

第二，家长不要说泄气的话。当孩子说"我总是考不好，我不是学习的料"时，家长千万不要跟着附和，说"你就是不行"。

考不好最难过的是孩子，我们要做的是引导孩子把心里的情绪发泄出来。你可以说："没关系，妈妈小时候考试也不及格过，后来通过努力也考上大学了，你再努力一下，一定会有结果的。"无条件地支持孩子，相信他不比任何人差，是我们作为家长最基本的素养。

第三，家长要做减法。有时候发现辅导班报了一堆，最后非但没有效果，还把孩子整得很疲惫。从现在开始，把题海战术、课外补习等都停掉，从课本出发，语文先从基础知识、汉字、词语的日积月累开始，数学把做过的错题都整理到错题本上，只抓不会的题。

搞懂这些，考试得八九十分是没有问题的。先帮孩子把自信找回来，自信有了，孩子学习的动力也就有了。

孩子每天坚持四件小事

当家长做好了自己的功课后，接下来，我们讲一下孩子需要每天坚持的四件小事。只要孩子能够坚持下去，想不优秀都难。这是我总结的能排在年级前 5 名的学习方法，简单实用，毫无门槛，贵在坚持。

第一件事，大声朗读。无论是英语还是语文，只要大声朗读，就一定会有效果。语文和英语是两门语言课，语言课就是要培养人的讲话能力。

从现在开始，每天早上起床第一件事就是拿出语文、英语课本，别管是语文课文还是英文单词，大声朗读，每天 10 分钟，哪怕坚持 10 天，也会有所改变。

第二件事，克服拖延。但凡学习不好的孩子都会有拖延的问题，伴随拖延产生的更可怕的是写作业磨蹭、做题马虎等一连串的问题，所以一定要想办法帮孩子改掉这个毛病。

我的方法是给孩子准备一个秒表，做计划，每天写数学作业用多长时间，写语文作业用多久，看电视用多长时间，几点上床睡觉，按照计划去执行。注意，家长一定要参与其中，不能全靠孩子自觉。比如孩子看了半个小时的电视，家长要督促孩子到时间就把电视关掉。坚持一个月，拖延的毛病会大大减少。

第三件事，练一手好字。这是学生时代的底色，现在考试都讲究卷面分，就算题答对了，但是字写得龙飞凤舞，老师看不懂，照样是不得分。更何况，将来工作，签名写字那就是脸面工程了。

如果孩子年龄太小，还没开始学写字，可以先练习控笔，就是锻炼手腕的精细动作和运笔能力。已经上学的孩子，可以写一下字帖，每天练习半页到一页就可以。关键的是越早练习越有效果，要趁着孩子书写的习惯还没有完全养成时去做改变。

第四件事，计算要准确。很多孩子看起来很聪明，但考试就是得不了满分，为什么呢？粗心大意，做题马虎。这是大部分孩子的通病，但也不是没有办法。怎么做？我们在教学当中一直在用的是纠错训练，效果还不错。家长先找一张纸，在纸上写上口算题，同时写上答案，答案当中有正确的，也有错误的。然后让孩子去纠错，把因为马虎、不仔细而导致的错误全找出来，让他学会检查问题，用检查别人的错误来锻炼自己的做题能力，提高计算的准确率。

第六章

亲子沟通是最好的药方

俯下身沟通，拉近亲子关系

俯下身，从孩子的视角出发

大人跟孩子沟通有一个简单且有效的方式，那就是任何时候跟孩子对话都要蹲下来，看着孩子的眼睛，与他处于同一个高度，再进行对话。大人不管是身高还是能力和家庭地位都有着更大的优势，家长习惯性地俯视孩子，让孩子持续仰望着自己来讲话，这个动作本身就充满了不平衡感。

一个周末，哥哥和菲尔约好了去小 d 家玩，兄妹俩一早就准备好出发了，结果我们在小 d 家门口敲了半天，门才打开。小 d 的妈妈黑着脸，小 d 则在房间里哭得一把鼻涕一把泪。看来，我们来得不是时候。一问才知道，小 d 养的小白兔在早上死了。

"不就是一只破兔子嘛，妈妈给你再买一只不就行了！"

"不行，我就要我这只。"小 d 声嘶力竭地喊。

我给哥哥使了一个眼色，哥哥心领神会："我知道你现在很难过，如果哭能让你舒服一点，那你就哭出来吧。如果你真的很爱它，你哭完后，我带你做一件事情。"

"什么事情？"

"给它找一个可以安息的地方，以后你想它了，可以去看看它。如果你愿意，我现在就可以陪你一起去。"

搞懂了情况，菲尔在旁边插话说："你不用难过，你的小兔子坐上火车，去很远的地方了，在那里它也会很开心的。"

小d抬起泪汪汪的眼睛，半信半疑，但不哭了。

我想起来在菲尔很小的时候，我带她读过一本书，叫作《出发！成长魔法火车》，里面讲的就是关于生老病死的问题，没想到，小家伙在这里用上了。

在哥哥和菲尔的安慰下，小d情绪好多了，三个孩子找来小铲子、硬纸壳，开始准备给死掉的小兔子做一个盒子，把它埋到楼下花坛里。菲尔还提议，把小兔子最爱吃的胡萝卜也一起埋了。

就这样，一场危机解除了。其实哥哥和菲尔讲的话，也是我曾经安慰他们时说的。可见父母语言的力量是如何大，直接影响了孩子的价值感和认知模式，也影响了他与他人社交的方式。

我之所以说要俯下身来跟孩子沟通，是因为只有当家长以孩子的视角看待问题，代入孩子的角色时，才可能与孩子感同身受。在共情的前提下，我们才可能与孩子好好地沟通交流。

夏虫不可语冰，如果孩子发现你从来都不懂他，也不理解他，慢慢地，他就会放弃跟你说自己的感受，亲子关系也因此会渐行渐远。

爸妈永远爱你，爱你本身的样子

有一天，菲尔忽然跑来问我："妈妈，你爱我吗？"看着她古灵精怪的眼睛，我知道，一定是有什么事情触发了她的神经，让她当下感到了不安全的因素存在，她才会这样问的。于是我放下手中的书，很认真地把她抱到怀里，然后又极其认真地说："你记住妈妈现在说的话，你是我在肚子里面怀了9个多月生出来的，你是我生命的一部分，无论你将来变成什么样子，你长到多高，妈妈都会很爱你。"

菲尔眨眨眼睛："那我长到房子那么高，你也会爱我，对吗？"

"是的，"我很认真地点头，"并且，无论你犯了错误，还是你搞砸了事情，这些都不影响妈妈爱你。"

"嗯，我知道了。"她得到了想要的答案，心满意足地跑掉了。

这让我想起了我们平时的一些对话，有时候看到她把东西搞得一团糟，胶水洒得满桌子都是，她还在拼命地往外挤，我真的很生气，大概她能看出来。

她就过来说："妈妈，你生气了吗？"

我隐隐要发作的时候，理性又告诉我，她只是一个孩子，对于她来说，这是一种探索和实践。

于是我会说："我现在情绪很糟糕，想一个人静一下，请你先离开。"我知道如果这时候她继续留在现场，我会说一些"教育"的话，并且带着指责脱口而出，不过她很识趣，麻利地消失了。

然后，在我心情平复下来后，再去收拾"作案现场"时，情绪就会缓和很多。

每个人都会有情绪、有脾气，但是往往发泄完了会后悔。能让我们不后悔的就是当下没有发泄的对象，让我们的那些情绪无处发泄。

这个方法我教给过很多妈妈，她们都屡试不爽，很少做让自己发完脾气再后悔的事情。

还有一招我也想跟大家分享，那就是转移话题。比如，菲尔会说："今天没玩尽兴，我还想玩。"你家孩子是不是也经常这么说？这时，你千万不要试图去反驳："你都玩了这么久还没玩够吗？我们明天再来玩。"对于孩子来讲，明天是很遥远的事情，而且他还知道，明天你不一定会带他玩。当你这样说时，说明你并不太了解孩子。

其实，孩子心里想的是"我很难过"，孩子在难过的时候，你不要去承诺和说教，他需要的是一个拥抱和一个缓解当下难过情绪的办法。

我这招也是屡试不爽，我会说："我们去看一下邻居家的小狗吧，听说那只小狗还有一个自己的小窝呢。""我们一起去取快递吧，刚好你喜欢的画册到了。"当有了一个新的目标时，孩子就不会纠结于当下，他会很开心地跟你离开当下的环境，开心地投入到下一件事情上。

家长不要易怒，要好好说话

易怒的家长，会让孩子特别缺乏安全感。因为爸爸妈妈的脾气不知道在哪一刻就爆发了，或者是老师的一通电话，或者是孩子起床磨蹭，都会引发一场"暴动"。孩子这时候只能用哭来表达自己的情绪，可是换来的是"不准哭，憋回去"。

我们经常看到心理缺乏安全感的孩子，他对学习也产生了恐惧的心理，渐渐变得写作业磨蹭，不爱写作业，甚至讨厌上学。他每时每刻都在看他人的脸色，家长易怒，让他学会了小心翼翼，学会了讨好，而到了学校，就习惯性地讨好老师、讨好同学。

长大后，在职场里就是那种讨好型的老好人，往往他的表面是乖巧的，但内心是恐惧的，他害怕那些突然严肃的表情，害怕别人严厉的语气。他会很卑微，一旦发生冲突，他第一个想到的是去迎合别人，不让冲突扩大。因为原生家庭带来的冲突，对他来说是一种恐怖的存在，从而失去了自我，让人看着都心疼。

易怒家庭的孩子，情绪也不会稳定，很容易暴躁。他一直生活在各种纠结中，明明知道某件事不应该发脾气，却总是控制不住自己。那种原生家庭父母带来的暴躁情绪，会一直埋藏在他的潜意识里，时不时会爆发出来，而这种悲剧，有时候也会延伸到他的下一代。

这种孩子很容易抑郁，父母的易怒让他备受煎熬，而自己的脾气又被压抑，无法发泄，无论在学习还是生活中，都不会被认为是好学生，老师和同学常常会忽略他的存在。而最让人心疼的是他也认为自己不好，所以他不会好好地爱自己。他很自卑，甚至当老师要给他一个奖励时，他都不相信，认为很多美好的东西他不配得到，懂事得让人心疼。

他内心却一直渴望得到认可和鼓励，渴望得到爱，这成了他一辈子都在追求的梦想。

最后，我想说一句，作为父母，不要再用"我脾气不好，就是控制不住"来当作借口了，你的这种易怒给孩子造成的童年伤害，他要用一生来治愈啊！就让上一代原生家庭给我们造成的伤害，止步于我们这一代吧！

每天要跟孩子沟通什么

亲子沟通是一个关键的教育环节，有很多家长依然不知道如何实践。每天放学后，你回到家见到孩子的第一刻，会问什么呢？你是不是会问：今天表现怎么样？老师教的学会了没有？作业做完了没有？有没有在班里惹祸？

如果你问的是这些问题，孩子多数不想回答，甚至会觉得你在挑他的错处。你可以回顾一下上述问题，这些问题都是围绕孩子的表现、孩子做了什么事情、是否有什么好的结果而展开的。我们常常感叹一句话："很多人关心我过得好不好，但很少有人会关心我累不累。"这句话用在孩子身上也合适。你会发现：原来我每天问孩子的问题，都是在关心他做了什么事情，有没有完成学习任务，却没有关心过他开不开心，这一天过得怎么样，是不是需要我的帮助。

作为家长，要怎么跟孩子提问题呢？我觉得只要问到了以下四个问题，你和孩子的关系就拉近了一大步，而且我建议各位家长每天都必须去问这些问题，不是机械式地去问，而是抱着对孩子的好奇和关怀去问。

第一个问题：今天学校有什么好的事情发生吗？

这句话是在调查孩子的价值观，当孩子说出了好的事情后，家长就可以说，看来今天你的校园生活过得很愉快哦，意在引导孩子积极向上的乐观情绪。让孩子每天都有机会去想一下，学校给自己带来的好处和快乐，让孩子越发爱上学。

反过来，如果你的孩子说今天没有任何好事情发生，反倒是同桌撕烂了他的试卷，老师还批评他，那么这种时候，家长就应该好好地去了解事情的原委，为孩子讨一个说法，避免孩子陷入校园欺凌的问题。孩子上幼儿园以后，我们就不可能随时监控孩子了，但孩子依然年幼，缺乏自我保护的能力，每天跟孩子沟通聊天，是保护孩子的一种重要方式。

第二个问题：你今天在学校有什么好的行为？

这句话是在激励孩子每天进步一点点，当孩子说出了好的行为时，哪怕是上课没打瞌睡，没被老师罚站，家长也一定要就此提出表扬和鼓励，这样能增强他的自信，进而激发出他更好的行为。

就算你的孩子说，他今天考试只考了 80 分，但是坚持做完试卷后检查了两次，你也可以顺势夸奖孩子能够检查试卷，是一个很大的进步。至于考了 80 分，成绩并不代表一切，真正学懂一个知识点，并学会应用它，才是学习真正的意义。

第三个问题：今天学习了哪些新知识？

这句话是在帮助孩子巩固学习内容，当孩子说出来的时候，家长要帮忙再次复习，加深印象，进而让他培养好的学习习惯。对于一些缺乏学习兴趣的孩子，家长可以请孩子当自己的小老师，让孩子给自己重述老师教过的内容，这对孩子来说又是一次复习，也能提升他的学习热情和自豪感。

第四个问题：你有什么需要妈妈 / 爸爸帮忙的？

这句话是在告诉孩子，出现任何问题，父母都是他坚实的后盾。当孩子说出需要帮忙的地方时，家长一定要重视。这对孩子来说，就是他解决不了的难事。

孩子的很多小问题，在我们看来可能是微不足道。或者是反过来，孩子觉得稍有不舒适的问题，其实暗藏危机。比如，孩子说自己的座位位置很窄，桌子压得肚子很疼，追问之下你才发现，原来前后桌的男同学都是捣蛋鬼，故意合谋来欺负孩子。那么这个时候，父母就必须出手干涉，不然长期下去，孩子在学校里的生活就会变得越来越难过。

学会问问题的父母，可以让孩子多一分安全感。问问题不代表让孩子毫无隐私，也不代表每一件事都要告诉孩子解决的方法，我们可以给予孩子一些建议，为孩子阐明利弊，但最后让孩子来做事情的决定者，培养孩子的独立性和解决问题的主动性。

在盖楼房时，工人都会搭建脚手架。如果把孩子的成长过程比作盖高楼，那么父母的角色就是脚手架，而脚手架只是一种临时性的结构，主要起到"支持"和"辅助"的作用，既不是放手不管，也不是直接代劳。

如果家长太心急，提的要求超出孩子的能力范围，那么我们的心态和角色更像是暴躁的"监工"，而孩子也处在每天都被"监视"的高压下，由此可能带来的最直接的问题就是，当我们不监督的时候，孩子就"垮掉"了。这就是我们家长经常说的，我不在身边陪着，孩子就不写作业的原因所在。

如何做好孩子的脚手架呢？第一，按照孩子的现实情况，以孩子为主角，让他知道，他才是学习这座高楼的施工者。第二，家长做好自己脚手架的辅助角色，引导孩子按部就班、稳扎稳打地向前走。

家长做好脚手架，既能保留孩子的自主性，又能给孩子提供必要的支持，帮助孩子朝着下一个阶段稳步迈进。而当孩子渐渐提高能力和成长之后，家长撤掉脚手架，也就是放手之后，孩子依然可以做得很好，可以自主地建造属于自己的高楼大厦。

孩子的人生不是只有幼升小、小升初、中高考，引导他成为一个独立而自主的人，才是教育的本来面目和终极目标。

让孩子有教养的实战宝典

很多人都跟我说,觉得我的两个孩子特别有教养。其实,孩子的教养是从日常生活中习得的。很多小事都可以成为教育孩子的契机,要相信孩子的接受能力比大人强太多了,只要给予正确的引导,每个孩子都可以富有教养。

不要强迫孩子勇敢

哥哥大宝小时候去游乐场玩,有一个舞台上在送气球,哥哥想要,自己犹豫着不敢上。这时刚好旁边一个小男孩也想要,他妈妈让他上去,孩子不想上,妈妈说:"你就不能勇敢一点吗?这有什么好害羞的?自己想要还不敢去!"结果,妈妈越说,孩子越往后退,最后,妈妈生气地牵着小男孩走了。

哥哥看着我，其实我也很想说"想要就自己去争取啊"，但是这句话说出来容易，让孩子真正去做，却很困难。孩子的第一步必须有引领。我整理了一下衣服，鼓足了勇气，大步迈上舞台，在一群比我矮一大截的孩子当中，拿到了那个哥哥想要的气球。妈妈的行动，比起给儿子上一堂"勇气"课要来得更有价值。

妈妈的勇敢，孩子看得到。勇敢，并不是靠单纯的几句话孩子就能够做到的。孩子面对困难，有畏难情绪也很正常，家长没有必要强迫孩子非勇敢不可。帮助孩子克服畏难情绪才是家长最应该做的。

尊重孩子，人前不训斥

在哥哥三四岁的时候，有一次我们一起下楼，碰到一个邻居奶奶，哥哥没有像往常一样叫人，这很出乎我的意料，我简单地打了招呼。在邻居走后，我俯下身问哥哥发生了什么。

"妈妈，我不喜欢这位奶奶，上次这位奶奶说要把我的玩具都抢走。"原来如此。有时候大人逗孩子的话，也许只是开玩笑，孩子却当真了，其实这种玩笑我非常不赞同。

孩子不打招呼，这是不礼貌的行为。有人会说，家长还纵容，这样不妥。其实仔细想一下，我们养的是孩子，不是用来给自己长面子的，也不是见人摇尾巴的小狗。作为家长，我们应该允许孩子有自己的情绪，并且接纳孩子的情绪。接纳即包容，接纳即爱。

这让我又想起另外一件事情。有一次我和小C妈一起吃饭，我们正在聊天，小C走过来很急的样子，张口就说"妈妈妈妈"，我们的谈话被打断了，小C妈生气地跟孩子说："我们大人说话，小孩不要插嘴。你这孩子，跟你说多少遍了，怎么这么不懂事？"孩子悻悻地走了。能看得出来，小C一下午也不怎么高兴。回家后，我问了哥哥对这件事情的看法，哥哥的回答给了我另一番启发。

"这件事情我想说三点。第一，小孩子一定是遇到了困难才过来求助的，大人应该听一下孩子的解释。第二，我们总是被教育大人说话小孩子不能插嘴，那为什么我们做事情大人却总是干预呢？第三，阿姨在大家面前直接训斥小C，让她很难堪，我觉得不礼貌的是阿姨。"

我拍了拍哥哥的肩膀，说："小伙子，你长大了。"哥哥对我一笑，接着又忙自己的去了。

尊重孩子的特点

哥哥在小学一年级时是大班长、军体委员、组长、纪律委员，一切都按照我既定的轨迹稳步前进着，可惜随着时间的推移，现如今，连军体委员这个最后的身份也被他请辞了。原因很简单，他不是一个喜欢干预他人的孩子，不是一个喜欢把别人名字记在本子上，下课后去报告给老师的孩子。

这完全超出了我的预期，我恍然想起了那句话："你的孩子虽然是你生的，但并不属于你。"

哥哥更喜欢做一些细致的手工，喜欢捣鼓一些吃的，而这些却是我完全不擅长的。他能在看到妹妹喜欢吃冰糖葫芦后，回家给妹妹做出蓝莓、葡萄、草莓冰糖葫芦；他能在冰箱里仅有一点绿色蔬菜时，给我做出一碗丰盛的扬州炒饭。而这些，从他8岁开始，就已经实现了。

想到这些，我很自豪，经常拍着他的肩膀说："儿子，这下妈妈即使不在家，也不用担心你吃不饱了。"而他则自信地说："妈妈，放心吧，爸爸不在家，我也能把你喂饱了。"

看到儿子的表现，我非常欣喜，这个家伙虽然没有按照我的规划去发展，但是他活出了自己的精彩，他有自己的喜好，能够在自己擅长的领域去享受生活，这也并不违背我的本意。

所以，一切都刚刚好。

赏罚分明，就事论事

我们家有一个原则：如果孩子因为一件事情犯错误，绝不牵扯其他，从不翻旧账。有一次，我们全家一起逛超市，超市进了新玩具，对于一个3岁的小女生来说，公主玩具的诱惑不亚于女人看到新出了限量版的包，但菲尔知道我的原则，她特别乖巧地说："妈妈，我只是看看，不买。"

回家的路上，小家伙内心还是藏不住，开始跟我玩套路。

菲尔："妈妈，我们班Lucy就有一个那样的爱莎公主，我好羡慕她。"

我："我们家里不是也有吗？"

菲尔："那不一样，这个会眨眼睛的。妈妈，我保证会好好爱护它的。"

我："如果你做不到呢？"

菲尔："那你就不带我出去玩。"

她给自己下了狠话，看来是真的很想要。

一开始，我并没有很认真地对待这件事，但现在看来，必须重视了。我转过身，把菲尔揽在怀里，说："妈妈每次带你出去玩这件事情是我们全家每个周末的约会，不会因为你犯的错误而终止，跟今天买玩具是两回事。"

菲尔的大眼睛一闪一闪，好像没听懂，一个 3 岁的孩子理解起来是有点费劲。我继续说："这样吧，如果你不珍惜，那这就是最后一次购买这种类型的公主玩具，以后不会再买了，能听懂吗？"菲尔回答说："妈妈，我记住了。"

第二次我们去超市，我守信地给她买了她想要的芭比娃娃。结果前段时间，菲尔把娃娃的胳膊弄断了，她哭了好一阵子，一是觉得委屈，是自己不小心犯了错；二是大概也想到之前我们之间的承诺，以后这种玩具不会再购买了。再一次去超市时，又有新的芭比娃娃摆在货架上，她只是看了看，也没有开口再要。因为她知道，在这个家里爸妈是赏罚分明的，承诺是需要兑现的。

总之，不管是大人还是小孩，都必须守规矩，久而久之，这就能成为一种家风。

如何夸孩子，你会吗

两个实验

阿联酋曾经有一组科学家做了一组实验，他们分别给两棵长得一样的植物贴了两个不同的标语，两棵植物的光照、施肥完全一样，唯一不同的是，一棵植物贴的是"请表扬我"，另一棵植物贴的是"请批评我"。就这样，一棵植物一直在接受表扬和赞美的声音，而另外一棵植物一直在承受批评和指责的声音。

30天后，发生了惊人的变化，被表扬的植物长得很好，而被批评的植物却开始枯萎。这个实验被公布之后，在教育界引起的反响非常大，很多家长开始反思语言暴力对孩子的伤害。

如果这个实验说的是语言的伤害，那下面这个实验，你听后会更震惊。巴克斯特是一名测谎专家，他曾做过一次著名的实验，还是两棵植物，其中一棵植物连了测谎仪，屏幕可以看到生物电波，然后随机找来 5 个人抽签，其中抽到杀手的那个人要把连接测谎仪的植物旁边的植物给砍断。

最后，要求之前抽签的 5 个人依次走到植物面前。决定性的一幕出现了，前面 4 个人走过去，植物没有任何反应，而那个砍断植物的杀手走到这棵植物前时，显示器上的电波就开始快速地波动，就好像这棵植物受到了惊吓，感受到了恐怖。

植物的故事讲完了，相信你也一定听懂了，第一个实验讲的是语言的暴力，第二个实验讲的是身体的伤害。孩子像极了两棵植物，除了施以阳光雨露，他们还需要赞美、表扬、鼓励和认可。请给每一颗种子发芽的机会，也许有的种子不一定开花，但说不准它们会成为参天大树呢。

原生家庭对孩子的影响有多久？尤其是一辈子爱发脾气的父母，对孩子童年的影响，孩子要用一生来治愈。你跟孩子沟通的方式，影响着孩子待人接物的方式，影响着孩子的身心健康，它是一切亲子教育的基础和最直接的方式。

不要吝惜对孩子的赞美

有一次，我跟一位妈妈聊天，她问我："老师，你说总是表扬孩子，他会不会骄傲啊？"我笑了，认真地看着她，说："你今天化的妆很好看。"

她不好意思地抿了抿嘴，说："我今天就是化了个淡妆，老师，你这样看我我都不好意思了。"

"那你会骄傲吗？"

"不会。"

"那你现在开心吗？"

"开心。"

"下次还会化妆吗？"

"下次见你，我会更加好好收拾一下自己。"

"你看，你没骄傲吧？得到认可你开心了吧？你想的是下次要更好一些。"

其实就是这样一种简单的心理，有时候我们真的非常吝惜自己的语言，面对孩子总是挑出很多毛病来。殊不知，孩子跟我们一样，我们希望在工作上的努力老板能看得见，孩子同样也希望他的努力老师能看得见，回到家中，可以得到爸爸妈妈的欣赏和鼓励。你的认可是他成长的动力，你的肯定对孩子来说意义重大。

晚上回到家中，菲尔拿着自己涂好的画给我看："妈妈，好看吗？"我不假思索地直接回答："好看，太棒了！"我知道，如果我思考半天，再指指点点地说"要是颜色再鲜艳一点就更好了"，这无异于我们辛苦做了一桌子菜，那个品菜人咂巴着嘴说"要是再少放点盐就好了"，确实大煞风景。其实指点出来看似是好心，但对方的热情被浇灭了一半，还有没有下次，那就要看心情了。

当然，高情商的妈妈会这样说："我觉得这片树叶涂得特别好，就是旁边的小花颜色可以再鲜艳一点。来，让我们一起动笔，再给它补充一下吧。"这样孩子就会很高兴地继续和你分享其作品。

所以，我想说的是，不要吝惜你对孩子的赞美，想说就大胆说出来，放心吧，孩子绝不会因此骄傲的。

前文讲过正面教育的积极意义，美国著名心理学家罗森塔尔和雅各布森做的实验仅仅是随机挑选出来一些学生，并且他们不知道自己被挑选了。显然，罗森塔尔和雅各布森的"权威性谎言"产生了作用，因为这个谎言对教师产生了暗示，左右了教师对名单上学生的能力的评价；而教师又将自己的这一心理活动通过情绪、语言和行为传染给了学生，使他们强烈地感受到教师的热爱和期望，变得更加自尊、自信和自强，从而在各方面有了异乎寻常的进步。

所以说，真诚地赞美、信任和期待具有一种能量，可以让孩子更加积极向上。

种什么"因"得什么"果"：用真诚的表扬去肯定孩子

人在3岁之前还没有"我"的概念，直到7岁后才渐渐有一个自我评价的雏形。因此，这个阶段基本上大人说孩子是怎样的，孩子就认为自己是怎样的。

如果父母经常鼓励、表扬孩子，会让孩子觉得"我能行"，同时也会坚持好行为；如果父母经常否定孩子，则会让孩子有"我笨，我做不到"的自我暗示，能力的提高将受到阻碍。任何一个人，渴望被肯定的心理需要大大超过被否定的心理需要，因而肯定性评价才会使孩子获得愉快的心理体验，产生激励作用。

年龄小的孩子，家长可以主要表扬其行动能力，比如"能帮妈妈倒垃圾，真是个小帮手"，会让孩子很快领会父母的积极情感表达，从而按照父母期望的方向发展。年龄稍大的孩子，认知能力和判断能力有了进一步的发展，能够分辨简单的是非，还能够做出自我评价。

父母面对这样的孩子应以表扬过程为主，比如："你今天独立照顾妹妹，和妹妹玩得很愉快，真有哥哥的样子。"这能让孩子了解该良好行为形成的过程，明白自己该怎样做，有助于帮助孩子延续好的行为，从而一天比一天做得好。

　　家长表扬孩子也是要有程序的，我建议的程序为：

1. 陈述事实

　　明确告诉孩子，什么地方做对了，什么行为值得表扬。比如："今天和妈妈一起出门时，你帮妈妈拿了一下包。"

2. 表达感受

　　要明确地表达出你的感受，比如："你这么做，妈妈觉得很开心。你长大了，知道为妈妈做事情啦。"这是对孩子进行正面反馈，可以激励孩子有更好的表现。

3. 表明期待

　　告诉孩子，以后要继续这样做，相信他会做得更好。这里的期望不用太具体，否则反而会让孩子产生过度的压力，你可以说"相信你会越来越棒"。

在表扬孩子的同时，如果家长能够拥抱孩子，拍打孩子的肩膀或抚摸孩子的头发，那么效果会倍增。因为身体接触能让孩子直接感受到家长所传达的期望。

不过，表扬孩子也不是万金油。

它有一个误区，很多家长都会习惯性地做，就是给予孩子单调、不走心的表扬，把"你真棒"作为一个口头禅。夸奖要夸得具体、走心，且恰到好处。如果你夸你女同事"你今天好漂亮"，她可能会回以礼貌的微笑；如果你夸她的新发型很符合她的气质，显得特别优雅又有气质，她多半会对你好感翻倍。

研究发现，夸奖的方式不同，所产生的效果也有所不同。我们在表扬和夸奖别人的时候，还可以变换不同的花样，除了有声的口头语言，还可用无声的肢体语言，比如专注的欣赏、会意的微笑、热情的拥抱、竖起大拇指，这些都是在告诉孩子，你对他的做法很满意，而给孩子进行这些正向的反馈，可以让他未来越来越优秀。

你的教养方式决定了孩子是自信还是自卑

现在有很多孩子,一边被娇生惯养,一边被父母以爱之名剪去了翅膀。孩子的自信是他走出家庭,走向社会,闯荡世界的帆。心理学家阿德勒曾在《自卑与超越》中写道:"我们生活在与他人的联系之中,假如因自卑而将自己孤立,我们必将自取灭亡,我们必须超越自卑。"培养不自卑的孩子,需要父母做到以下三个方面:

1. 允许孩子犯错误,犯错是孩子学习的机会

又到了每月的整理时间,我们全家就开始总动员,整理书籍,把一些看过的书籍打包送人,再把近期需要看的书籍摆到随手就能拿到的地方。

对于小菲尔来说,这就是一次全家人都参与的游戏,她很兴奋,

在卧室的床上又蹦又跳。突然，我听到身后传来咔嚓咔嚓的声音，转身一看，发现熊津数学盒子的角已经被踩烂了。她自知犯错误了，连忙说："妈妈，对不起。"这个小家伙，道歉倒是来得及时。

"解决问题吧，去找剪刀、胶带，把盒子粘好。"我没有停下手边的工作，也没有责怪的意思，只是很平淡地告诉她去拿东西。

菲尔立马乖乖地跑了，一会儿拿来了剪刀和胶带。我一本正经地跟她说："我来做个样子，粘好一个角，剩下的交给你，可以吗？"

她说："可以。"

犯错误后解决问题，这是我们家一贯的作风。接下来，长达半个小时，我看到她坐在地板上，笨手笨脚地在粘贴盒子。

在我记录下来这件事情后，她过来了，我说："可以把你写进书里吗？"

她说："可以。"

"那你有什么要说的吗？"

她说："妈妈，我想陪着你写。"过了一会儿，又跟我说，"你在最后一句写上'谢谢妈妈，我爱你'。"

其实，我想说，你才是妈妈要感谢的那个人。谢谢你给了我这么多有趣的经历，谢谢你让我陪你长大，让我在这样一个年龄体验重新回到孩童时代的感觉，你是我一直热爱生活的源泉。妈妈爱你！

那个被粘贴得面目全非的书盒子，到现在还被保留在书架上，它见证了菲尔的成长。

2. 停止对孩子说"不"

当孩子看到新鲜的东西时，最喜欢做的就是想要动手摸一摸、碰一碰，但这时候大人往往会说"不能摸，只能看""不可以，这样不行"，这样的教养方式真的对吗？

讲一个我小时候的故事。有一段时间是我小姨带我，她带我回了老家。白天还好一点，到了晚上我就开始想妈妈。小姨为了让我开心，不想妈妈，把院子里的大鹅搬进了屋里，关键是允许我去碰那只比玩具有趣一百倍的大鹅。

对于一个孩子来说，这是一件非常新鲜的事情，白白的羽毛，还会发出嘎嘎的声音，走路一摆一摆，太好玩了，我顿时忘记了妈妈不在身边的事情。尽管那段时光在记忆中已经很模糊，但时至今天，作为一个成年人，想起有这样的经历，我还是很怀念的。

我们家哥哥大宝小的时候，我把小时候小姨对我的宠爱延续给了他，带着他看书，指着书上的辣椒、茄子图片教给他，孩子看得见、摸不着，歪着头问："妈妈，辣椒还有红色和绿色的？紫色的茄子里面是什么样子的？"

对于一个从小在城市长大的孩子来说，这些是看得见摸不着的。我就决定带着他认识认识，我先从市场采购来所能见到的所有蔬菜，摊开来，让孩子逐一去解剖、摸、尝、闻、吃。周末，我带着哥哥去菜地，亲手去摘西红柿、黄瓜、胡萝卜。后来，以至于每到丰收的季节，孩子都会惦念着采摘。

如果你对孩子的教育方式是敞开的，孩子的脾气性格就是敞开的，现在哥哥又把我对他的教育方式传到了妹妹那里，对妹妹提出的要求从来都是来者不拒，很少说"不"。所以，在外人看来，我们家两个宝贝从来都不吵架，哥哥宠妹妹，妹妹黏哥哥。

3. 学会给孩子撑腰

传统的教育都在告诉我们，要谦逊，要有礼，要管教好自己的孩子。为了扮演一个知书达理的家长角色，很多人在发生任何矛盾的时候，第一反应不是去弄清楚事情的原委，而是去责怪自己的孩子。孩子的表达能力不好，很多时候只能把委屈往肚子里吞，久而久之，孩子就会变得懦弱、自卑和胆怯。

我的观点是恰好相反的，我觉得我会成为孩子最大的靠山，让我的孩子不管在外面遇到怎样的事情和人都不畏畏缩缩，都能表达自己的观点。即便孩子做错了事情，他也应该有表达自己和改过自新的机会。下面我从几个方面来说说。

（1）在孩子朋友面前给孩子撑腰。当孩子的小伙伴说"这个玩具我想要"时，你不能强迫孩子分享，你要尊重孩子的意愿。你可以告诉孩子："如果你不愿意分享，可以不用分享。"

（2）在家长面前给孩子撑腰。大家都在聊孩子，你绝对不能为了表扬别人家孩子而贬低自己家孩子，这个千万要不得。孩子都是要面子的，人前表扬，会让孩子百尺竿头更进一步；人前贬低，只会拉低孩子。

（3）在错误面前给孩子撑腰。当孩子犯了错误，别的家长找上门时，千万不要只把孩子推出来，去指责自家孩子。这时候，家长应该站出来，跟孩子一起去承担错误，然后解决问题。尤其是遇到不依不饶的家长，揪着孩子不放，这时，家长一定要站出来给孩子撑腰，你可以说:"对不起,有事您跟我说,我是孩子的家长,我的孩子有什么问题,我来教育。"

(4)在老师面前给孩子撑腰。这个尤其重要。因为一旦家长没做到位,孩子就会痛恨老师甚至厌学。首先,家长跟老师谈话时要避开孩子。其次,家长要很客观地听老师讲孩子的问题。让孩子有则改之,无则加勉,家长不要过度强调老师说的问题。

总之,有了家长撑腰,孩子才能遇事不慌,沉着冷静,既不自卑,也不自负。

第七章

陪孩子轻松进行专注力训练

舒尔特方格

关于舒尔特方格

风靡全球的舒尔特方格是由美国神经心理医生舒尔特发明的，最初是为了训练飞行员的注意力，因这种方法效果显著，并且玩法简单，逐渐被广泛应用，不但可以测量注意力水平，还是很好的注意力训练方法。

舒尔特方格训练的好处

（1）训练注意力的持久度。使学生能在更长的时间内保持注意力集中，获得更高的学习效率。

（2）训练注意力的稳定性。可以提高学生对枯燥的文字、符号的耐受性，进而增加视觉的稳定性。

（3）训练注意力的集中性。在集中查找的过程中，学生能够更加集中精力地进行训练，进而更集中精神学习。

（4）训练视觉的广度。可以提高视觉的广度，扩大视幅范围，阅读速度也会有很大提升。

（5）训练手眼协调能力。训练时，需要同时运用手眼脑，对书写的速度也会有很大帮助。

舒尔特方格的训练要求

（1）身体坐直，眼睛与方格的距离为30—40厘米，视点自然放在表格中心，用眼睛余光来搜索目标，在所有目标都清晰入目的前提下，按顺序进行查找。训练前期可辅助手指或者笔。

（2）在做训练时尽量减少眨眼次数，不要一行一行查找，尽量把所有的目标都尽收眼底。

（3）用秒表给孩子计时，只要有进步就及时鼓励和表扬。

自制舒尔特方格

绘制大小相同的25个小格子，在格子内任意填写数字1—25。训练时，按照1—25的顺序，用手指依次指出数字所在位置，同时大声朗读出来。家长在一旁记录所用时间，所用时间越短，专注力水平越高。

10	25	18	12	8
16	2	15	5	17
11	1	22	20	9
21	4	23	6	13
7	24	14	19	3

12	24	6	13	19
18	2	25	17	5
3	16	14	9	22
23	4	1	15	7
21	8	20	10	11

还可以制作1—36、1—49的方格等，逐渐增加难度，也可以把数字换成古诗、字母、汉字等。

舒尔特方格的时间参考标准（以数字格为标准）

3×3阶段参考标准

等级	3—5岁	6—10岁	11—17岁	18岁以上
优	9秒内	8秒内	6秒内	5秒内
良	12秒内	10秒内	9秒内	8秒内
中	14秒内	12秒内	11秒内	10秒内
及格	16秒内	14秒内	12秒内	11秒内

4×4 阶段参考标准

等级	3—5 岁	6—10 岁	11—17 岁	18 岁以上
优	16 秒内	14 秒内	12 秒内	10 秒内
良	20 秒内	17 秒内	16 秒内	14 秒内
中	22 秒内	20 秒内	18 秒内	16 秒内
及格	25 秒内	22 秒内	19 秒内	17 秒内

5×5 阶段参考标准

等级	4—6 岁	7—11 岁	12—17 岁	18 岁以上
优	35 秒内	28 秒内	15 秒内	13 秒内
良	45 秒内	34 秒内	19 秒内	16 秒内
中	52 秒内	40 秒内	25 秒内	19 秒内
及格	58 秒内	45 秒内	30 秒内	20 秒内

6×6 阶段参考标准

等级	5—8 岁	9—12 岁	13—17 岁	18 岁以上
优	40 秒内	34 秒内	28 秒内	21 秒内
良	45 秒内	40 秒内	36 秒内	29 秒内
中	48 秒内	45 秒内	40 秒内	36 秒内
及格	52 秒内	48 秒内	43 秒内	40 秒内

7×7 阶段参考标准

等级	5—8 岁	9—12 岁	13—17 岁	18 岁以上
优	52 秒内	45 秒内	42 秒内	36 秒内
良	56 秒内	50 秒内	48 秒内	42 秒内
中	62 秒内	56 秒内	50 秒内	45 秒内
及格	68 秒内	58 秒内	53 秒内	48 秒内

8×8 阶段参考标准

等级	5—8 岁	9—12 岁	13—17 岁	18 岁以上
优	65 秒内	58 秒内	50 秒内	45 秒内
良	70 秒内	62 秒内	54 秒内	48 秒内
中	75 秒内	68 秒内	60 秒内	54 秒内
及格	80 秒内	74 秒内	64 秒内	56 秒内

9×9 阶段参考标准

等级	5—8 岁	9—12 岁	13—17 岁	18 岁以上
优	68 秒内	62 秒内	58 秒内	50 秒内
良	72 秒内	68 秒内	62 秒内	55 秒内
中	79 秒内	72 秒内	67 秒内	62 秒内
及格	85 秒内	80 秒内	73 秒内	70 秒内

训练注意力的分配性——让孩子学会"一心二用"

注意力的分配性，指的是一个人能够同时进行多项活动，并且合理地将专注力分配给各项活动的能力，也就是我们经常说的"一心二用"或"一心多用"。

在学习中，孩子确实需要"一心二用"，比如上课时，需要一边听课一边记笔记，还要进行思考，抓取老师讲的重点，所以，学会分配自己的注意力，做好"一心二用"，还是很有必要的。

现实中，我们确实是能够做到同时将注意力集中到两三件事上的，比如一边听音乐一边工作，一边接电话一边扫地。对于孩子来说，也是可以做到的，只不过家长需要通过一些训练，来帮助他们拥有更好的注意力分配能力。

下面分享几个锻炼注意力分配性的小游戏。

1. 听音乐打节拍

播放一首歌曲，让儿童边听音乐边打节拍，耳朵听到的同时，手跟着一起打拍，愿意活动的儿童，可以让身体跟着音乐一起有韵律地摇摆。

2. 大小西瓜游戏

一个人分别念"大西瓜"和"小西瓜"这两个口令词，另一个人根据口令做相反的动作。可以家长和孩子轮流喊口令和做动作。

3. 听数字做口算

家长出数字，孩子听到后，在心中加上1，大声回答出结果。比如家长说"3"，孩子回答"4"。逐渐可以增加到两位数，比如家长说"45"，孩子回答"56"。然后增加到三位数，比如家长说"268"，孩子回答"379"。整个训练过程中，孩子不能动笔，就是凭借耳朵听到的数字，在大脑中快速地进行计算，然后作答。

注意，一定要迅速作答，不能动笔。提高计算能力的同时，还会提升听讲的注意力，尤其是对左耳听右耳冒的孩子特别管用。

培养注意力的稳定性

注意力的稳定性是指在同一个时间范围内，同一件事情所能维持的时间，也称为"注意力的持久性"。儿童能否在课堂保持注意力集中，主要取决于注意力稳定性的持久度。由此可见，注意力的稳定性对孩子的学习起着至关重要的作用。

研究发现，儿童的注意力稳定性存在个体差异，受年龄、性别、教养环境等影响，而很重要的一点是，注意力的稳定性要从小培养，而且越早效果越明显。

下面分享几种培养注意力稳定性的方法。

1. 冥想训练

准备一首无歌词的轻音乐，让孩子盘腿坐下，放松身体，大脑随着音乐的播放开始进入冥想状态。每天进行5分钟的训练，会帮助儿童及早地进入注意力稳定的状态。

2. 听时钟法

准备一个时钟，秒针可以嘀嗒响的那种，让孩子跟随时钟的秒针移动，在心里默念"嘀嗒，嘀嗒"。一开始可以让孩子坚持听30秒，后面逐渐加长到60秒、120秒……每次的时间不要超过5分钟，随着训练次数的增加，孩子的注意力稳定性就会变得越来越好。

3. 速写训练

家长给孩子准备一张白纸，让孩子在上面书写阿拉伯数字，在保证质量的基础上，速度越快越好。注意中间不能停顿，写错了也不需要修改，继续写就可以。一开始是30秒，慢慢就可以延长至1分钟、1分30秒……一次最多3分钟，时间过长，容易引起孩子手部酸痛。家长还可以把每次写的时间和个数记录下来，经常给孩子做进步的对比。

4. 多米诺游戏

找一些积木或者能立起来的纸牌，在地板上或者平面的大桌子上进行摆放，一个挨一个，稳定性稍微差一点，就会发生倒塌，塌掉就重新开始。这项训练特别能锻炼孩子的耐力、专注力的持久度。

训练注意力的转移

注意力转移是指将注意力从一个对象转移到另一个对象上，从一件事情转移到另一件事情上的活动。注意力一经转移，注意中心的对象就改变了，旧的对象被移掉，新的注意对象进入，整个注意范围就发生了变化。

如果孩子的注意力转移能力差，他就不能灵活地将注意力转移到新的事项中，如果身处新的注意范围中，他就会走神，就会注意力涣散。

比如，上节语文课刚发了考卷，孩子考试得了 100 分，得到了老师的大力表扬，下节数学课，孩子还沉浸在考了满分的喜悦中，没有办法将注意力迅速转移到正常的数学课学习中，这势必会影响听讲的效率。

下面分享几个训练注意力转移的方法。

1. 情绪转移法

孩子去商场，碰到想买的东西就是赖着不走；在游乐场，没玩尽兴就不愿意走；遇到不顺心的事情，没有达到自己想要的结果，就会发脾气，甚至大哭……凡是遇到以上情况，家长都可以尝试运用情绪转移法。当孩子陷入当时那个情绪里时，很难自我控制，这时候家长只需要将孩子带离当下的情绪，事情就会缓和很多。因为孩子并不知道如何让自己从坏情绪中转移出来。

比如，孩子总是搭不好积木，发脾气，你可以帮他找来画笔，通过画画来转移情绪。孩子在游乐场没有玩够，你可以带他到大自然中去，捡一些落叶，回来动手制作一幅精美的作品，如果正好赶上教师节，可以送给老师。其实，孩子会很愿意让你将他带离原来的坏情绪的，这比你跟他讲道理要简单很多。

2. 手部的小游戏

一只手上下移动摸桌子，另一只手固定在一个地方敲桌子。进行一段时间后，两只手的动作换过来，继续进行。取材不方便时，也可以在大腿上进行，家长说出"换"这个口令时，儿童立刻做出动作。

3. 猜骰子游戏

准备三个一次性纸杯、一个骰子，家长把骰子放在一个纸杯里，然后倒扣，将纸杯迅速移动，让孩子仔细观察，看一下骰子在哪个纸杯里。再进行角色互换，孩子迅速移动纸杯，家长来观察，看一下骰子在哪个纸杯里。

这个游戏主要锻炼孩子的手眼协调能力以及观察力和记忆力。

4. 蹲蹲乐游戏

准备好若干张纸，分别在每张纸上写上一个蔬菜的名称，比如白菜、萝卜、西蓝花、苦瓜等，每个人拿一张纸，纸上的蔬菜就代表自己。首先指定一个人开始，口令就是"X 蹲，X 蹲，X 蹲完 Y 蹲"，这个人要边说边做出蹲的动作，然后指定下一个要蹲的人。比如，先指定的是白菜，那就要说"白菜蹲，白菜蹲，白菜蹲完萝卜蹲"，同时还要做出动作，这样拿萝卜的那个人听到指令后，就开始说"萝卜蹲，萝卜蹲，萝卜蹲完西蓝花蹲"，同时做出动作，然后再随机指定一个人蹲。如果有人说错名字、做错动作或者指错人，那就输了，直到最后就剩下一个人，游戏结束。

注意力的追踪训练

　　注意力的追踪是指根据指定的对象来进行视觉追踪的训练，视觉追踪训练可以提高视动协调以及追踪物体的能力。比如，我们在进行书写练习时，眼睛追踪文字，老师在黑板上写字，孩子的眼睛追踪老师写的文字。

　　这种追踪能力其实在孩子一出生就已经具备了。刚出生不久的婴儿，有视力的时候，他躺在婴儿床上，我们把一个玩具放在他的眼前，然后移动，婴儿的头部和眼睛会随着玩具的移动而移动。这就是最早的视觉追踪训练。

　　儿童稍微大一点时，这种能力在阅读上就会体现得比较明显，注意力的追踪能力直接影响孩子阅读的准确性、速度以及审题能力。因此，我们可以进行一些视觉追踪方面的练习。

1. 运动方面的追踪训练

比如打羽毛球、乒乓球、排球、网球等，都是很好的视觉追踪训练，孩子的身心参与到整个运动中，可以增强身体协调能力，提升肢体的运动技能。

2. 物品的追视

选择一个相对安静的环境，让孩子进行物品的追视，家长下达指令，孩子进行视觉的追踪。注意下达的指令必须是孩子视线范围内可以追踪到的物体，比如，铅笔—文具盒—水杯—语文书，闹钟—奖状—枕头—书桌—眼镜盒，一次说几个追踪对象，让孩子来追踪。家长可以根据孩子的年龄大小来进行，可以一次5—10个，分多次进行。孩子则需要在听到指令后，立刻查找物体，嘴巴不需要说出来，用眼睛去寻找即可。

3. 画消训练

家长在一张白纸上写下任意几个数字，然后下达指令，儿童根据指令来进行数字的追踪练习。比如，家长可以说"找出所有的数字8，用斜线划掉""找出所有的3，用圆圈圈出来"。注意，在这个过程中不要打断孩子，允许他在查找时速度放慢，因为很多孩子就是视觉追踪能力差一些，要给孩子认真查找的机会，最终有漏掉的，再让孩子检查一遍即可。

听觉注意力训练

锻炼听觉的宽度

做一下扩充句子的训练,妈妈可以这样说:

一片树叶。

一片黄色的树叶。

一片黄色的扇形树叶。

一片黄色的扇形树叶被秋风吹落下来。

再比如:

一朵向日葵。

一朵金黄色的向日葵。

一朵金黄色圆盘状的向日葵。

一朵金黄色圆盘状的向日葵在微风中摇曳。

一共 4 句，你都记住了吗？

对于幼儿园的孩子，就是你说一句，孩子复述一句。如果孩子在小学阶段，就是 4 句说完，一起重复，增加一下听讲的持久度练习。

这个方法不仅能训练听讲时的注意力，还可以让孩子的写作能力、记忆能力都得到提升，一举三得。

锻炼听觉的反应能力

听一组词，听到动物拍一下手，听到其他物品拍两下手。

乌鸦 池塘 苹果 草莓 鸵鸟 香蕉 猴子 西瓜 斑马

每隔 2 秒念一个词，幼儿园的孩子一次念 8 个；小学生就可以加大词汇量，一次念 20 个；小学高年级的孩子，除了拍手，再让他把听到的动物说出来，增强一下记忆力。

锻炼听觉的分辨能力

听两句话，找出其中不同的地方。

第一组：

下课了，语文老师大步走出教室。

上课了，语文老师大步走上讲台。

第二组：

操场中间，有 5 个男生在打篮球，4 个女生在讲故事。

操场中间，有 4 个男生在踢足球，5 个女生在踢毽子。

第三组：

一片树叶从树上飘落下来。

一片黄叶从树上跌落下来。

对于幼儿园的孩子，要求一组一组听完找不同；对于小学生，不但要听完找出不同，还要复述这两句话。

上课不会听重点的孩子，爱走神的孩子，家长要经常给他出这种句子，让他找出不同。是不是特别简单好操作？

听觉的理解能力训练

给孩子几个不同的词语，让他串成一句完整的话。比如：

上学 我 书包 背着 去

组合起来就是：

我背着书包去上学。

幼儿可以出3—5个词语，小学生就可以逐渐增加难度，从5个词语到8个、10个，随着训练的加深，他的语言组织能力、理解能力、记忆能力都会得到锻炼。

说词语

你可以说一串词语，这当中有不同类的，让孩子听到水果拍一下手，听到蔬菜拍两下手。咱们来一组试试：

香蕉 甘蔗 西蓝花 皮球 胡萝卜 葡萄 橡皮 苹果

你刚才跟上了没有？

在分辨词语的过程中，身体要迅速做出动作，这个训练对那些上课总是慢半拍、不爱积极举手发言的孩子帮助非常大。

触觉游戏——百宝箱

准备一个箱子，箱子里放上不同的物品，比如蔬菜、水果、毛绒玩具，让孩子进行触感的训练。

第一步：用手摸；

第二步：用语言描述；

第三步：把猜到的结果说出来；

第四步：验证答案。

身体协调——平衡力

想要让孩子控制情绪和行为,就必须让他学会控制自己的身体。身体的平衡能力和孩子的学习能力息息相关,不仅关系到孩子的身体协调性,还关系到孩子注意力的专注度和粗心程度。

一般来说,孩子的身体协调性越好,各种感官就会越灵敏,注意力也就会越集中,学习能力也会得到提升。如果平衡力提高了,孩子在学习上也会轻松很多。

平时可以做的训练有很多,比如玩轮滑、玩滑板、骑脚踏车,这些训练都是让孩子通过控制自己的身体来进行技术上的训练。

还有一项训练,不需要借助器材也可以进行,就是单脚站立。

找一个开阔的场地,让孩子放松,保持深呼吸,让情绪慢慢进入一种平静放松的状态。

孩子放松下来后,张开双臂,举到与肩齐平,然后慢慢抬起一只脚至小腿的中间位置，以一条腿为支撑，收紧臀部，保持平衡，最后闭上双眼。

家长在孩子能够保持平衡的那一刻开始计时，直到孩子坚持不住，脚落地停止计时。如此训练几次，看最长能坚持多久。

手部精细动作——耐性

俗话说"心灵手巧",手指的灵活协调对于大脑的发育以及听觉、视觉、触觉等方面非常重要。

你会发现,一个孩子在认真做事情时,他的专注力集中程度与他的动手能力是有紧密关联的,而且在这个过程中,因为双手的创造,所得到的结果会让孩子特别有成就感,所以,动手能力越强,他的集中能力就会越强。

如果要进行基础的动手能力培养,生活中参与家务劳动就是一项非常简单实用的训练,比如,和妈妈一起准备一顿晚餐,孩子负责择菜、洗菜、收拾碗筷;周末时参与洗衣服、晾晒、叠衣服、整理房间、扫地、拖地。

在锻炼手腕力量的精细动作方面,可分为运笔能力和精细动作练习这两块来说。

运笔能力

让孩子做一些用笔画横、竖、弯、圆弧等各种线条的训练。

精细动作练习

每个家里都有豆子，比如黑豆、红小豆、绿豆，抓一碗，让孩子拿筷子将它们分类夹出来。

剪报纸。找一些旧报纸，让孩子沿着图形的轮廓剪下来，目的是锻炼孩子手指的灵活性，逐渐达到五指协调自如。

另外，锻炼手部精细动作的方法还有手指操、图画绘色、穿针引线、穿珠子、折纸、缝扣子等。

不需要准备多么复杂的材料，随时都可以带着孩子做训练，为将来写得一手漂亮的字打下坚实的基础。

一起照镜子——观察力训练

家长和孩子同时站在镜子前面,家长先做一个动作,孩子通过镜子观察家长做的动作,然后做出同样的动作。一开始可以先做一个右手摸鼻子这样简单的动作,慢慢地逐渐增加难度,一下做两个动作:左手摸右眼,举起右手,两个动作连贯起来,让孩子观察,然后重复一模一样的动作。

也可以反过来,孩子做动作,家长来仔细观察,然后重复动作。

抗干扰训练

无论是在学习中还是日常生活中，经常会见到很多孩子容易受外界干扰，这时其正在做的事情就会被打断，想再集中精力去做，就需要花费时间和精力重新投入。而在现实中，很难做到周围环境完全没有干扰，这就需要让孩子学会排除干扰，排除外界的冲突。

怎样去培养孩子的抗干扰能力呢？可以做一个"拍3令"的游戏。

全家人或者几个同学围坐在一起，找一个成员从1开始数，每个成员排着数，凡是遇到3、尾数是3或者能被3整除的数，比如9、12、13、23等，都不能说出来，直接用拍手代替，下一位成员直接说出下一个数字即可。一旦不小心说出来，算作犯规，这样一直持续数到100。

手指操

以下这四个动作能让孩子的大脑反应速度越来越快。

第一个动作，双手的五个手指依次相互对应敲击。

第二个动作，食指、中指、无名指、小拇指依次触碰大拇指。

第三个动作，五个手指张开，交叉抱拳，反复重复。

第四个动作，双手的五个手指依次伸出，再依次收回来。

每天做一遍，坚持半个月，专注力和记忆力就会有惊人的变化。

有趣的拼图——意志力

意志力是心理学上的一个概念，是指一个人自觉地确定目的，并根据目的来支配行动，完成目标的过程中，遇到困难，也会想办法克服，始终向着目标不断努力前进。

如果在学习上善用这种能力，就会产生很大的决心，不仅可以让孩子变得更有毅力，还能引导孩子去克服自己的情绪，从而使专注力变得更加稳定。

分享几个简单的训练孩子意志力的方法。

1. 搭积木

跟孩子一起动手搭积木。对于小孩子来讲，动手拼搭的过程，需要耐心和意志力的参与，因为自身能力有限，在精细动作上会差一些，经常是摆了又掉落，反复搭建、摆放的过程就是在磨炼意志力。家长同时也要耐心引导，不要比孩子还没有耐心，孩子一急躁，家长就想发脾气。

2. 折纸

折纸游戏是一项非常考验耐心的训练，这是一项最后看到成果非常美好，中间的过程却是需要一步一步完成的训练。家长可以和孩子一起学习一个新的折纸，也可以教给孩子一个折纸玩法，家长折一步，孩子跟着学一步。在这个过程中，如果孩子折错了，家长不要急于指正，让孩子自己仔细观察，体会每一步细节，直至折出最终图形。

3. 装牙签

家长拿出一盒牙签，有两种玩法，一种是孩子一根一根装进盒子里；另一种是挑牙签，在不触碰其他牙签的前提下，把牙签一根一根挑起来，两个人轮流进行，最后看谁挑得最多，谁就获胜。这个过程非常锻炼孩子的意志力，同时专注力也需要参与其中。

第八章

拿来就能用的
专注力小游戏

以下的专注力训练摘自我写的另一套书籍《42天专注力好习惯养成》，给家长们罗列出来，每天拿出15分钟时间，陪伴孩子做两个练习，简单实用，效果很好。

训练方法：家长清晰地说出以下数字，孩子说出"8"出现的次数。

数字集中训练

82148　08651　32823　06647　09384

46095　50582　23172　53594　98128

84392　25048　74697　06109　85303

62430　25473　86481　82135　61783

答案：数字"8"出现了15次

训练方法：认真听词语，听后回答问题，学会分类。

词语分类

铅笔　聪明　笔记本　苹果　樱桃　橙子

电视机　猕猴桃　彩笔　劳动　电烤箱

杧果　唱歌　打印机　橘子　火龙果

回答问题：

1. 将你听到的水果说出来。
2. 日常学习用品有哪些？

答案：1. 苹果　樱桃　橙子　猕猴桃　杧果　橘子　火龙果
　　　2. 铅笔　笔记本　彩笔

训练方法： 按要求回答下面问题，能提高听课效率、分辨记忆能力及听觉集中能力。

词语分辨

第一组： 狮子　老虎　孔雀　兔子

1. 请问老虎排在第几位？

第二组： 苹果　橘子　香蕉　杧果

2. 请问哪种水果排第一？

第三组： 饼干　面包　汉堡　咖啡

3. 请问第三种食物是什么？

答案： 1. 第二位　2. 苹果　3. 汉堡

训练方法：听到1、9做手势，听到1举左手，听到9举右手。要求听到后立刻做出动作。

数字听动协调

12690　25819　21293　21859　56493

44125　56712　61297　08912　61956

56978　42123　61947　10893　98701

36941　95793　12368　12096　31859

09816　35148　42971　81059

训练方法：认真听每组句子，找出两句话中不同的一对词组，并说出来。

语言记忆分辨

第一组：爸爸骑自行车去上班。/ 爸爸骑摩托车去上班。

第二组：夏天的气温很低。/ 夏天的气温很高。

第三组：我围了一条红围巾。/ 我围了一条蓝围巾。

第四组：春节那天，我很开心。/ 春节那天，我很难过。

答案：第一组：自行车 / 摩托车　　第二组：很低 / 很高
　　　　第三组：红围巾 / 蓝围巾　　第四组：开心 / 难过

训练方法： 认真听词语，当听到关于水果的词语时请起立，听到其他词语则坐下，能提高听课效率和分辨记忆能力。

词语听动协调

第一组： 钢笔　电脑　饮料　榴梿　杧果

第二组： 尺子　桌子　樱桃　草莓　键盘

第三组： 西瓜　字母　书包　毛衣　耳机

第四组： 蓝莓　橘子　盘子　水杯　黑板

训练方法： 认真听相近的两句话，找出两句话中不同的词语，能提高语言分辨记忆能力。

找不同

第一组： 烟台今年产的苹果特别多。
烟台今年产的水果特别大。

第二组： 今年夏天的气温比往年都高。
今年夏天的温度比哪年都高。

第三组： 雨水冲洗过的岩石，光亮得好像水晶。
雨水冲刷过的岩石，光亮得好像玻璃。

第四组： 看足球比赛，运动员们踢得那么精彩，真觉得过瘾。
看足球比赛，运动员们踢得那么漂亮，真觉得痛快。

答案： 第一组：苹果／水果　多／大
第二组：气温／温度　往年／哪年
第三组：冲洗／冲刷　水晶／玻璃
第四组：精彩／漂亮　过瘾／痛快

训练方法：听数列，听完后，将按规律排列的数字中遗漏的数字记录下来。

补充数字

第一组：1、2、3、5、6、7、8、10、11、12、14、15、17、19、20

第二组：21、24、26、27、28、30、31、32、33、35、36、37、39

第三组：25、23、22、19、17、16、15、14、13、11、10、9、7、4

第四组：32、31、29、28、27、26、24、22、21、20、18、17、15

答案：第一组：4、9、13、16、18

第二组：22、23、25、29、34、38

第三组：24、21、20、18、12、8、6、5

第四组：30、25、23、19、16

训练方法： 仔细听句子，听完之后复述出来。要求把每句话复述正确，能提高语言表达能力和听课思维能力。

扩充句子

1. 猴子爬上葡萄架。

2. 猴子迫不及待地爬上葡萄架。

3. 一只猴子迫不及待地爬上葡萄架。

4. 一只猴子看见葡萄，迫不及待地爬上葡萄架。

5. 一只猴子看见紫红色的葡萄，迫不及待地爬上葡萄架。

训练方法： 听到比"4"小的数字请拍一下手，听到比"6"大的数字请跺一下脚。

听数字做动作

第一组： 1 6 9 4 8 1 2 8 5 7 4 5 9 8 2 3 9

第二组： 8 1 2 3 5 6 1 2 2 7 4 2 9 6 4 1 2

第三组： 6 5 4 6 9 2 7 8 3 5 2 1 8 9 5 4 5

第四组： 2 1 6 8 5 8 2 3 2 0 6 5 8 9 4 5 2

第五组： 3 1 4 2 3 0 6 8 5 5 6 2 3 2 0 8 9

训练方法： 听词语，听完后把每组词语复述出来，能提高语言表达能力和听课思维能力。

词语接龙

第一组： 笔—（铅笔）—（钢笔）—（彩笔）

第二组： 海—（海鸥）—（海滩）—（海洋）

第三组： 木—（木板）—（木料）—（木屋）

第四组： 水—（开水）—（温水）—（凉水）

训练方法：认真听下面几组数字，听完后，按记忆把听到的数字倒着复述出来。例如，将"1、2、3、4、5"倒着复述为"5、4、3、2、1"。

倒记数字

第一组：77186

第二组：28631

第三组：34715

第四组：19287

第五组：36517

第六组：60247

训练方法： 仔细听几组数字，每听完一组数字，就给这组每个数字加上"1"。例如，听到"12546"加1，要说成"23657"。

迅速口算

第一组： 54623

第二组： 02346

第三组： 13578

第四组： 63584

第五组： 12534

第六组： 45683

答案： 第一组：65734　　第二姐：13457
　　　　第三组：24689　　第四组：74695
　　　　第五组：23645　　第六组：56794

训练方法： 认真听每组词语和数字，听到数字拍一下手，听到词语拍两下手。能提高听觉注意力及分辨能力。

听动反应

第一组： 3　文化　水平　毛巾　1

第二组： 小偷　6　2　香水　牛奶

第三组： 8　电脑　相册　空调　7

第四组： 钢笔　窗帘　楼房　4　3

训练方法： 认真听词语，当听到三个字的词语时拍一下手，听到两个字的词语时拍两下手。能提高听课效率和词语分辨记忆能力。

词语分辨记忆

第一组： 照相机　雨伞　旅行箱　大葱　麦克风

第二组： 电视机　打印机　空调　科学家　文学家

第三组： 铅球　三轮车　汽车站　话务员　篮球

第四组： 美容师　歌唱家　帆船　黄瓜　猕猴桃

训练方法：家长读出以下数列，孩子听完后，将按规律排列的数字中遗漏的数字记录下来。

数字排序

第一组： 40、42、43、45、46、47、48、49、51、53、54、55、56、57、58、59、62、63、64、65、66、67、69、70

第二组： 65、67、70、72、74、76、78、79、82、83、84、85、86、87、88、89、91、93、94、95、96、97、98、100

第三组： 90、87、86、85、82、81、80、78、77、76、75、73、72、71、68、67、66、65、64、63、62、61、59、58

答案：第一组：41、44、50、52、60、61、68
　　　第二组：66、68、69、71、73、75、77、80、81、90、92、99
　　　第三组：89、88、84、83、79、74、70、69、60

训练方法： 仔细听，数一下动物有多少种、水果有多少种。

词语集中训练

空调、橘子、风扇、风筝、苦瓜、口袋、袋鼠
冰箱、柚子、书桌、凉鞋、白云、香蕉、天气
石榴、鸭梨、老虎、医生、熊猫、木瓜、爷爷
海鸥、积木、榴梿、书桌、汽车、鲨鱼、空调
橙子、音响、菠萝、兔子、草莓、手机、轮船
杧果、钢琴、电视、海豚、大枣、倾听、拖把
狐狸、大海、济南、葡萄、羚羊、青蛙、球鞋
电脑

答案： 动物 10 种、水果 13 种

训练方法：每听完一串数字后，把数字倒过来念一遍。例如，将"3215"倒述为"5123"。

倒述数字

第一组：

3234　6702　6458　4112　5307

第二组：

62305　46302　54317　89003　58461

第三组：

445683　937568　943058　622563　482534

训练方法： 仔细听每组词语，每组当中都有一个不同类的词语，听完后，把它说出来。

词语找不同

第一组： 海鸥、熊猫、兔子、土豆、松鼠、老虎

第二组： 牡丹、桃子、荷花、百合花、玫瑰花、月季花

第三组： 大象、彩虹、老虎、海豚、豹子、狮子

第四组： 猩猩、河马、海象、丝瓜、刺猬、蜻蜓

第五组： 电视、沙发、电脑、冰箱、洗衣机、微波炉

答案： 第一组：土豆　第二组：桃子
第三组：彩虹　第四组：丝瓜
第五组：沙发

训练方法：每组词语中，前面都有一个数字，听完后按从小到大的顺序写出数字。

数字记忆

第一组：

10　学生　　12　哈密瓜　　15　小桥

22　老虎　　17　老鹰

第二组：

28　金黄　　32　关闭　　36　立正

40　花朵　　35　奖励

第三组：

11　美好　　18　我们　　23　树叶

24　飞机　　47　四季

答案：第一组：10、12、15、17、22
　　　第二组：28、32、35、36、40
　　　第三组：11、18、23、24、47

训练方法：根据指令做相应动作，做完动作后恢复站立姿势。

听指令做动作

蹲下，站起，举右手，举左手，举右手，左手捏鼻子，右手摸右眼，右手摸左眼，左手摸后脑，左手摸额头，右手摸后脑，左手捏右耳，左手揪左耳，右手捏鼻子，左手捏左耳，右手捏右耳，左手摸右手，左手摸左眼，右手摸右眼，双手摸头发，右手摸额头，双手揪耳朵，右手摸右眼，右手捏左耳，右手捏右耳，左手摸右眼，左手摸额头，右手拍左肩，左手拍右肩，双手揪耳朵

训练方法：听到"香蕉"请举一下手，听到"橘子"请点一下头。

词语听动协调

苹果、橘子、桌子、香蕉、飞机、香蕉、货车
杨梅、橘子、火车、鸭梨、手表、台灯、香蕉
轮船、桃子、橘子、葡萄、香蕉、橘子、杧果
可乐、香蕉、芬达、橘子、酸奶、香蕉、奶茶
橘子、香蕉、牛奶、葡萄、橘子、骆驼、香蕉
橘子、狮子、鳄鱼、香蕉、草莓、橘子、香蕉
长颈鹿、香蕉、葡萄、野猪、橘子、菠萝、柠檬

训练目的： 区分相似拼音，提高视觉分辨能力和专注力。

训练方法： 找出字母中的 p，用圆圈标出来。找出字母中的 b，用三角形标出来。

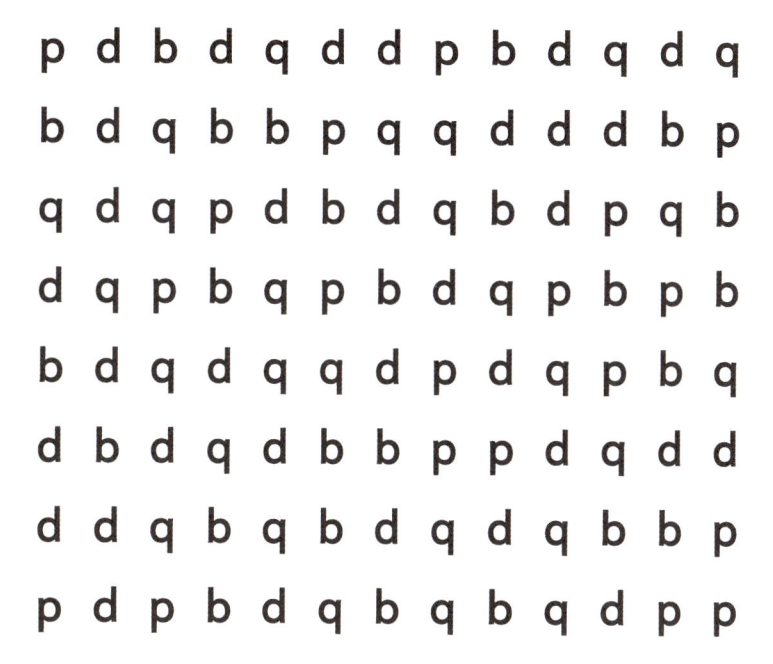

p d b d q d d p b d q d q
b d q b b p q q d d d b p
q d q p d b d q b d p q b
d q p b q p b d q p b p b
b d q d q q d p d q p b q
d b d q d b b p p d q d d
d d q b q b d q d q b b p
p d p b d q b q b q d p p

评判标准： 2 分 30 秒之内完成为合格，1 分钟内完成为优秀。

所用时间：

训练目的： 锻炼视觉的集中性和广度，学会检查，增强对古诗的记忆能力。

训练方法： 按照古诗的正确顺序，把漏缺的文字补写到方格里。可在任意空格内填写。

静夜思

[唐] 李白

床前明月光，疑是地上霜。

举头望明月，低头思故乡。

床		疑	前
思	明		举
望		故	
霜		低	地

评判标准： 2分钟之内完成为合格，40秒之内完成为优秀。

所用时间：

训练目的： 锻炼视觉集中能力及视觉追踪能力，提高对数字的敏感度。

训练方法： 找出图一和图二中缺少的数字，并将其填在下面方格内。

图一

1	11	7	17	20
10	2	13	9	21
12	5	23	6	24
16	18	15	22	4

图二

2	14	9	6	23	19
11	33	16	5	36	25
8	15	7	3	27	22
31	20	24	10	28	30
35	29	32	18	26	13

评判标准： 3 分钟之内完成为合格，1 分 30 秒之内完成为优秀。

所用时间：

训练目的： 锻炼运笔能力、视觉空间能力和思维能力。

训练方法： 按照黑点进行连线，要求形成的图形与左边的一模一样。

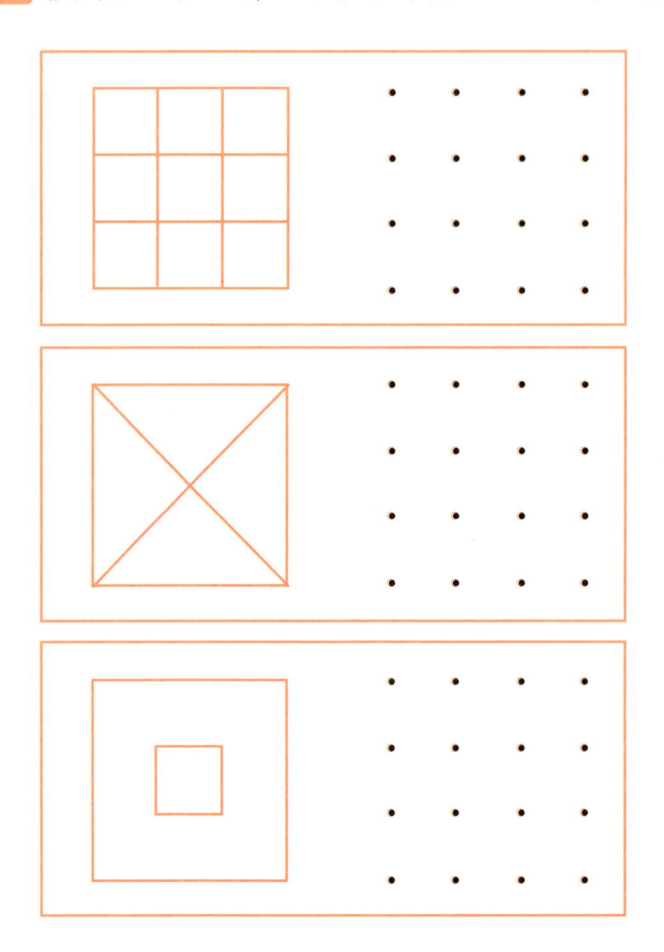

评判标准： 1分30秒之内完成为合格，30秒之内完成为优秀。

所用时间：

训练目的： 锻炼视觉分辨能力、短时记忆能力及视动协调能力。

训练方法： 把左边的文字按照顺序填在右边相对应的方格里。

	5				10					5				10			
1	木	禾	木	禾	禾	禾	禾	木	木	禾	1							
2	禾	木	木	禾	木	禾	木	禾	木	木	2							
3	木	禾	木	木	木	禾	木	禾	禾	木	3							
4	木	木	木	木	木	木	禾	木	木	木	4							
5	禾	木	木	木	木	禾	木	木	木	木	5							
6	禾	木	木	木	木	木	木	禾	禾	禾	6							
7	禾	木	木	木	木	木	木	禾	禾	木	7							
8	木	禾	木	木	木	禾	木	木	木	禾	8							
9	木	木	禾	木	木	木	木	禾	木	木	9							
10	禾	木	木	禾	木	禾	木	木	禾	木	10							

评判标准： 3 分钟之内完成为合格，1 分 30 秒之内完成为优秀。

所用时间：

训练目的： 提高整合句子的能力，提升视觉的排序能力。

训练方法： 仔细观察下列每组词语，在最短时间内将每组词语组成一句话。有能力书写的请写在横线上，不会书写的可以说出来。

1. 喜欢　吃　大熊猫　竹叶　新鲜的

_____

2. 人类的　好朋友　动物　是

_____

3. 办法　他　一个　想出了　终于

_____

4. 棉衣　爸爸　穿上　给我

_____

5. 我　鲜艳的　老师　脖子上　把　红领巾　系在

_____

6. 学校　丁香花　开得　里的　非常　美丽

_____

7. 知识　我　学到　课外　书　从　许多　中

_____

8. 山坡上　野花　开满了　各种各样的

_____

评判标准： 5分钟之内完成为合格，2分30秒之内完成为优秀。

所用时间：

训练目的： 锻炼视觉集中能力、观察能力、反应能力以及思维转换能力。

训练方法： 第一种方法：用眼睛余光快速搜寻，按照 1—9 数字对应的图形顺序进行查找。第二种方法：说出指定数字，快速找到其对应的图形所在位置。

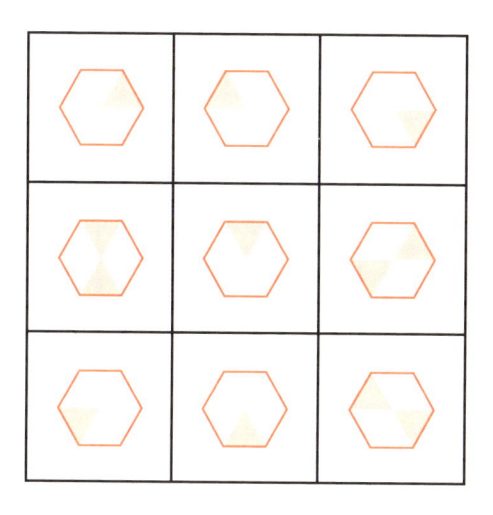

评判标准： 2 分钟之内完成为合格，30 秒之内完成为优秀。

所用时间：

训练目的： 锻炼视觉集中能力、观察能力和反应能力。

训练方法： 第一种方法：用眼睛余光快速搜寻，按照字母 A—P 的顺序依次查找。第二种方法：说出指定字母，快速找到字母所在位置。

H	K	C	I
P	F	O	G
A	L	D	N
J	E	M	B

评判标准： 2 分钟之内完成为合格，30 秒之内完成为优秀。

所用时间：

训练目的： 锻炼视觉迁移能力、视动协调能力及记忆能力。

训练方法： 观察每个图片所对应的字母是什么，并将字母写在对应的方格内。

M	B	C	H	J

评判标准： 5 分钟之内完成为合格，2 分 30 秒之内完成为优秀。

所用时间：

训练目的： 锻炼视觉稳定性及视觉追踪能力。

训练方法： 将图形平移到下面的方框中。

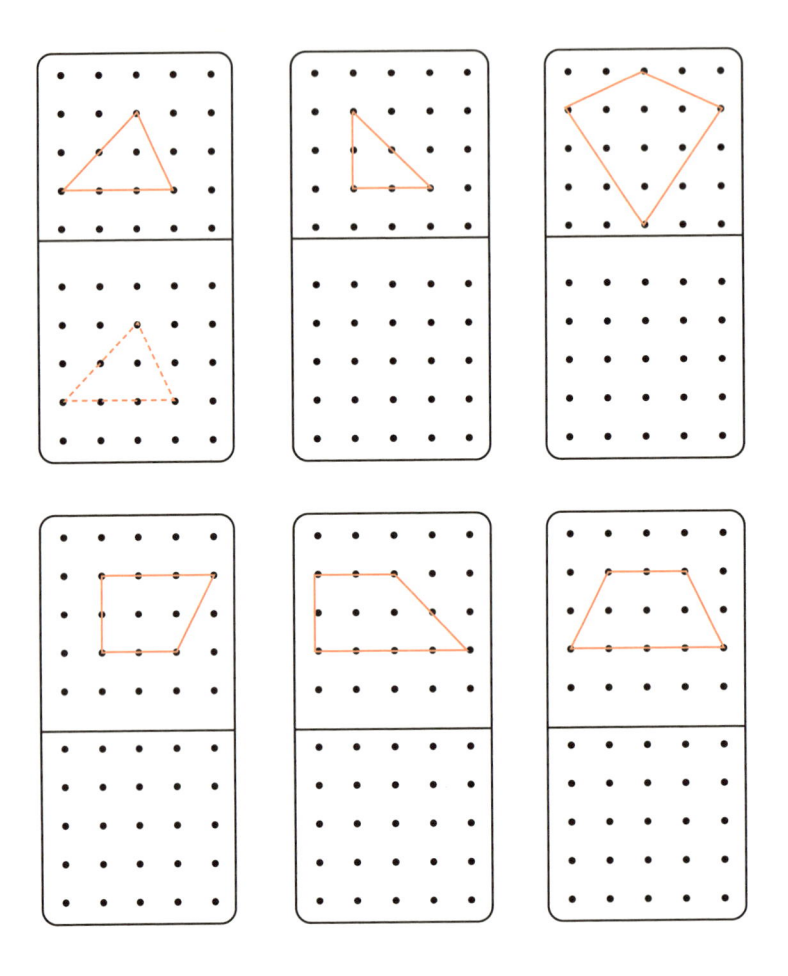

评判标准： 2分钟之内完成为合格，40秒之内完成为优秀。

所用时间：

训练目的：提高视觉转换能力和视觉分辨能力，减少马虎现象。

训练方法：将符号对应的数字写在符号正下方，要求又快又准确。

```
+ - ÷ × * =
1 2 3 4 5 6
```

- ÷ × * = - ÷ × + - ÷ ÷ × × *
÷ ÷ - + × ÷ - ÷ - + × ÷ - = *
- + × ÷ - = * - ÷ - ÷ × + - ÷
* = - ÷ × + - ÷ - ÷ × + - ÷ ÷
÷ × + - ÷ - = * × ÷ - ÷ × + -
+ × - ÷ × + - ÷ × + - ÷ × + -
÷ - * ÷ × ÷ - ÷ - ÷ × + - ÷ -
× ÷ - ÷ - + × ÷ ÷ - ÷ × + - *

评判标准：4分钟之内完成为合格，2分钟之内完成为优秀。

所用时间：

训练目的： 提升视觉追踪和集中能力，加强古诗的记忆训练。

训练方法： 按照古诗的正确顺序，依次点读方格内汉字，要求又快又准确。

绝句

[唐] 杜甫

两个黄鹂鸣翠柳，一行白鹭上青天。

窗含西岭千秋雪，门泊东吴万里船。

个	岭	鹭	东	雪	吴
含	青	鸣	船	万	窗
柳	秋	泊	两	☆	上
黄	验	西	翠	行	天
门	里	一	鹂	千	白

评判标准： 3分钟之内完成为合格，1分钟之内完成为优秀。

所用时间：

训练目的： 锻炼手眼协调配合能力，开发左右脑，提升专注力。

训练方法： 要求悬肘，用笔以最快的速度在每个圆圈内打点，打在圈外和圈上都算错，重复训练，提高速度和正确的打点数。

计算公式：正确打点个数 ÷ 所用时间，数值越大，说明注意力越集中，手眼配合越协调。

评判标准： 在圆圈内 200—320 个为合格，320 个以上为优秀。

所用时间：

训练目的： 提升空间思维能力、视觉追踪能力以及对数字的敏感度。

训练方法： 依据表格，在要求的数字后面写上对应的图标，比如"020：A1"。

序号	A	B	C	D	E	F	G	H	I	J
1	020	039	004	059	047	012	036	052	007	045
2	046	038	054	034	003	026	028	016	030	040
3	024	051	037	048	023	042	025	049	029	041
4	032	056	044	005	022	008	060	006	053	013
5	050	021	015	019	057	043	011	035	027	031
6	001	033	009	018	014	017	002	010	055	058

050：　　**060：**　　**059：**　　**042：**　　**026：**

047：　　**051：**　　**038：**　　**034：**　　**008：**

评判标准：3分钟之内完成为合格，1分钟之内完成为优秀。

所用时间：

训练目的： 锻炼视觉分辨、视觉集中能力，培养纠错的习惯，学会检查。

训练方法： 圈出每组中与众不同的数字、字母或汉字，并填写所圈出字符的个数。举例：第一组中与众不同的数字是4、7、8、9、0、4，记录（6）个。

3333333334333333337333338333333339333333330333333433333　　　　记录（　）个

000000060000060000000006000000060000000066000000　　　　记录（　）个

88888888388888388888838888883888838888888388888838888　　　　记录（　）个

555556555565555655555555655555556555556555556555565　　　　记录（　）个

11117111111111711711111117111111117111111711111171111117　　　　记录（　）个

44444474444414444447444417441444474444144447444444144　　　　记录（　）个

AAAAAMAAMMAAAAMAAAAMAAAAMAAAAMAAM　　　　记录（　）个

CCCCCOCCCCCCCCOCCCCCCCCCOCCCCCCCCOCC
CCCOC　　　　　　　　记录（　）个
DDDDDBDDDDDDBDDDDDBDDDDDDBDDDDDDB
BBDDDDB　　　　　　　　记录（　）个
NNNNNMNNNNMNNNNNMNNINNMNNNNN
MNNNNM　　　　　　　　记录（　）个
人人人人人八人人人人人八人人人人人八人人
人人八人人人人　　　　　　　　记录（　）个
正正正正五正正正正正正五正正五正正正正
五正正正正正五　　　　　　　　记录（　）个

评判标准： 2分钟之内完成为合格，1分钟之内完成为优秀。

所用时间：

训练目的： 锻炼视觉追踪能力，提高阅读能力，减少阅读速度慢等现象。

训练方法： 集中注意力，用眼睛看，不能用手或笔指着数，找出汉字"低"，最后记录其个数。

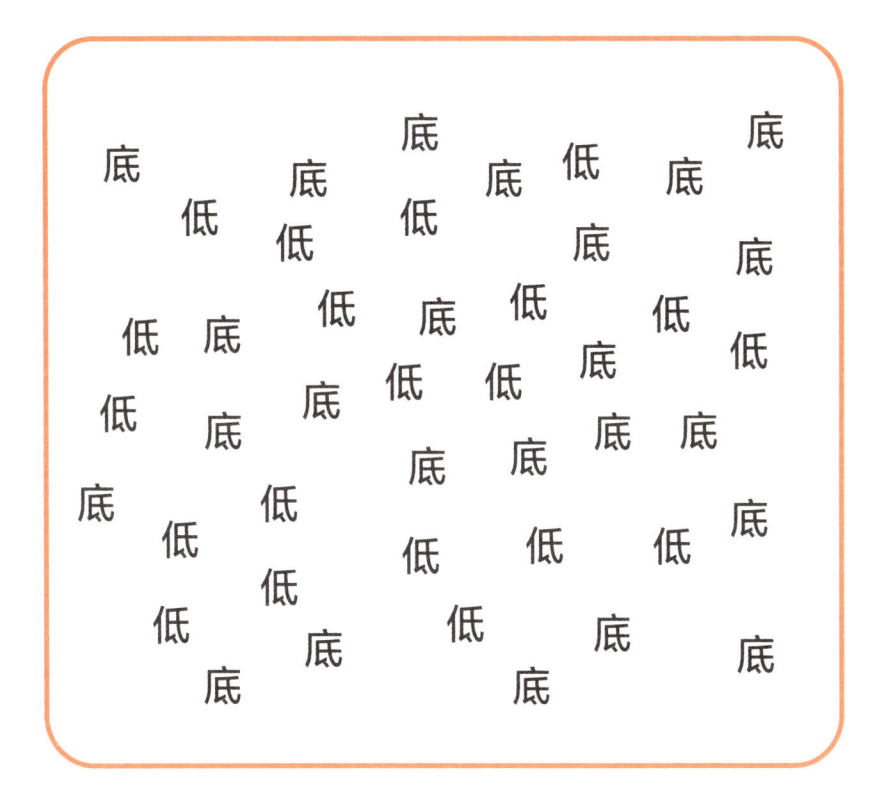

底		底		底	低	底	底
	低		低	低		底	
			低		低	低	
低	底		低	底		底	低
低	底	低	低	底	底		
	底	低	底	底	底	底	
底	低		低	低	低	底	
	低		底	底		底	
	底						

"低"字共（　　）个

评判标准： 2分钟之内完成为合格，40秒之内完成为优秀。

所用时间：

训练目的：提高视觉分辨能力和字母识读能力。

训练方法：把每行字母中前面指定的字母找出来，并在下面画上"＿"。

u: y e u i o e h j c j k a s n m a s d

i: n j d i d b h j k a s h j c j k o b

n: m n s d j d f b n x i a b n j i o n

a: i n j a i k a h f i d n b a i o j d

o: l j g y u o m s u i f h a p o j k s

k: g h j k i y u t g k n v k h g b k l

y: m j u i o y s b n m d y s b b n m y

g: k f j g h f g s k s i f g g d o p m

s: l j s h d j d u s g h s i d h s o j

评判标准：2 分钟之内完成为合格，40 秒之内完成为优秀。

所用时间：

训练目的： 提升视觉分辨和集中能力，减少马虎、做题不仔细现象。

训练方法： 按照箭头方向，快速寻找出路，记录所用时间。

评判标准： 2 分钟之内完成为合格，30 秒之内完成为优秀。

所用时间：

训练目的： 提高视觉分辨、集中和追踪能力，减少马虎现象。

训练方法： 根据图中的四种图形，分别算出每种图形的数量。

请在下面填上正确的图形数量。

●		○		★		☆	

评判标准： 3分钟之内完成为合格，1分钟之内完成为优秀。

所用时间：

训练目的： 提升视觉分辨、视觉理解能力，减少看错符号现象。

训练方法： 顺次读出每道题目中的符号，并记录符号个数。

633-57+86-685+75-879-74-64-65+786-67+7765-76 （　）个
435+657-456+678-65+653-564+87+98+765-654+31 （　）个
76+789+32+43-650-213+76+54-38-78+801-45+76 （　）个
345+54+65-789-90+549+43+56-760-12-56+54+409 （　）个
569+43+57-21-43+54-54-54+120+430+479-76-976 （　）个
70+809+509+43-87-65-40+32+674+67-93-43+674 （　）个
467+32+576+50-58-50-21+547+54+48+56+5-89+48 （　）个
389+487-89-76+465-320-89+576+90+47+43-90-322 （　）个
32-43+768+308+46+32-46-490-21+487+43+468+376 （　）个
968+47+35-462+576+336-98-66-345-587+586+386-5 （　）个
498-34-32-7+576+39+567+398-58+598-433-58+587+3 （　）个
446+57-56-365+587+58+57+372-576-37-37+576+54-5 （　）个

评判标准： 4分钟之内完成为合格，2分钟之内完成为优秀。

所用时间：

训练目的：锻炼视觉追踪能力以及视觉稳定性，提高口算速度。

训练方法：从入口开始，寻找迷宫的正确出口，把正确线路中遇到的口算答案写在空白处。

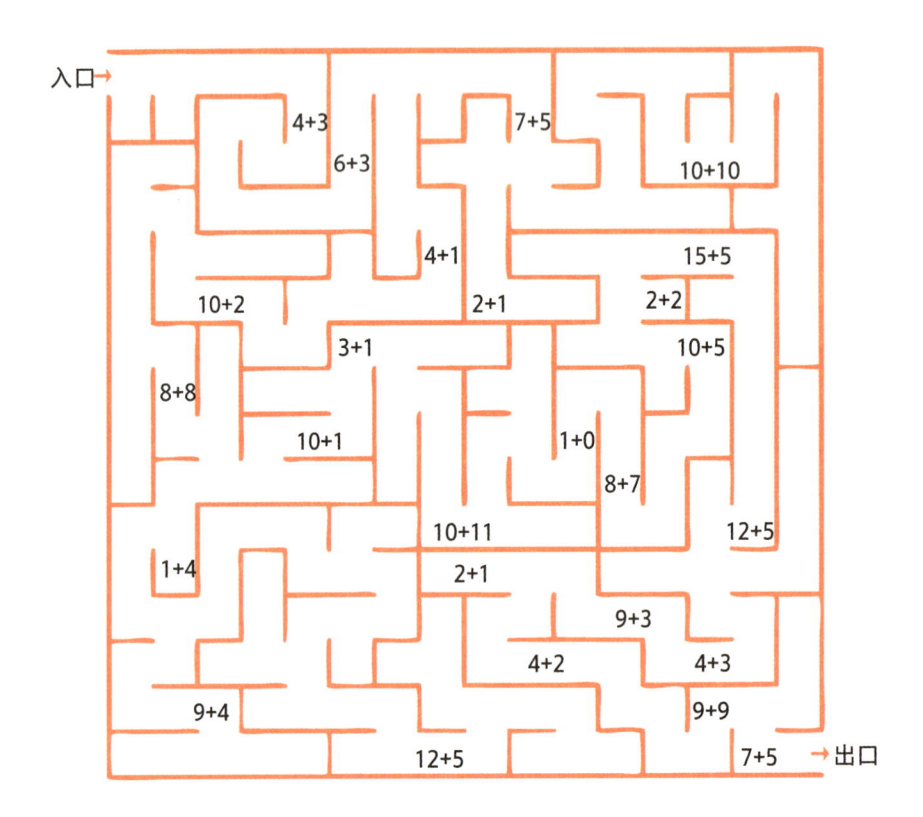

入口→

4+3	7+5
6+3	10+10

4+1　　15+5
10+2　　2+1　　2+2
　　3+1　　10+5
8+8
　　10+1　　1+0
　　　　　　8+7
　　10+11　　12+5
1+4　　2+1
　　　　　　9+3
　　　　4+2　　4+3
9+4　　　　9+9
　　12+5　　7+5 →出口

评判标准：4分钟之内完成为合格，1分30秒之内完成为优秀。

所用时间：

训练目的： 增强古诗记忆力，提高视觉追踪能力，减少看错行、跳字、漏字现象。

训练方法： 按照箭头所指方向，快速追踪汉字并大声读出来。熟练后，要求追踪速度越快越好，直至将整首诗背下。

绝句

［唐］杜甫

迟日江山丽，春风花草香。

泥融飞燕子，沙暖睡鸳鸯。

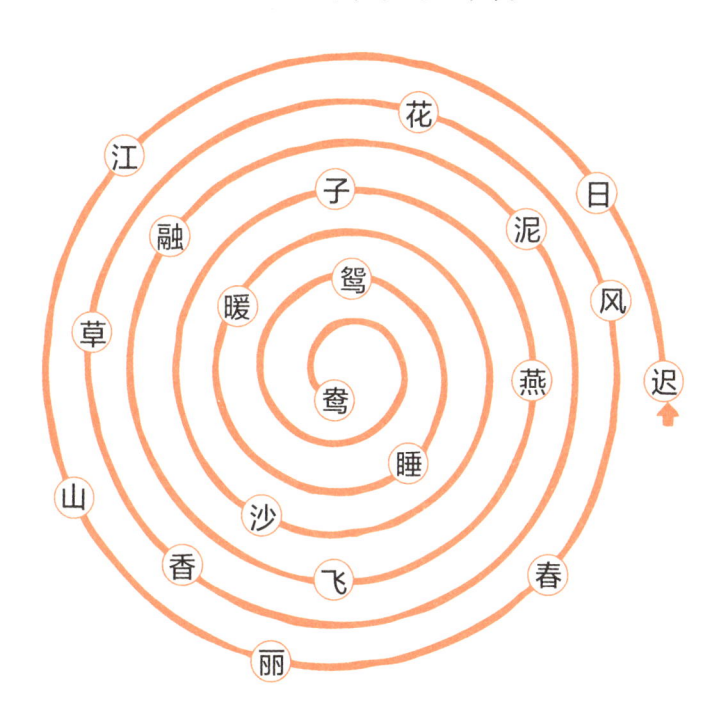

评判标准： 5 分钟之内完成为合格，2 分 30 秒之内完成为优秀。

所用时间：

训练目的： 锻炼视觉集中能力、视觉分辨能力、视觉追踪能力、视动协调能力、左右手协调能力。

训练方法： 按照 1—25 的数字顺序依次查找。

1. 训练前期，可以先逐个表格练习；训练后期，可以用两只手同时点读左右表格中的数字。

2. 训练前期，可以用手指进行点数；训练后期，可以用眼睛快速进行查找，使速度逐渐得到提升。

14	18	11	12	2
10	17	22	8	5
4	23	15	20	9
19	21	1	16	3
25	6	7	13	24

11	18	14	12	1
10	2	17	8	5
4	3	25	20	23
9	21	24	16	19
22	6	8	13	15

评判标准： 4 分钟之内完成为合格，1 分 30 秒之内完成为优秀。

所用时间：

训练目的： 锻炼视觉分辨能力、短时记忆能力及视动协调能力，加强对形近部首的认知。

训练方法： 把左边的偏旁按顺序填在右边相对应的方格里。

				5					10					5					10
1	衤	礻	钅	纟	衤	礻	衤	钅	纟	1									
2	纟	衤	礻	礻	钅	衤	礻	钅	衤	2									
3	礻	钅	纟	礻	衤	纟	礻	衤	礻	3									
4	衤	礻	礻	纟	礻	衤	衤	钅	纟	4									
5	衤	纟	礻	礻	衤	礻	礻	衤	礻	5									
6	衤	礻	钅	纟	礻	衤	钅	纟	衤	6									
7	衤	礻	钅	衤	礻	衤	礻	礻	钅	7									
8	纟	衤	礻	纟	礻	衤	钅	纟	衤	8									
9	纟	衤	礻	钅	纟	衤	礻	纟	衤	9									
10	礻	衤	礻	衤	礻	纟	礻	衤	礻	10									

评判标准： 3分钟之内完成为合格，1分30秒之内完成为优秀。

所用时间：

训练目的：训练视觉搜索能力，提升视觉注意的指向性和稳定性。

训练方法：请快速寻找下面对应的数字，并且算出这些数字的个数，将答案填写在后面的空格内。每次只寻找一组数字，完成后再寻找下一组。

111	333	355	777	999	111	555	777	333
999	777	333	999	777	555	999	111	555
777	333	555	777	111	999	333	777	111
555	111	333	999	777	333	777	555	999
111	333	777	555	777	999	555	333	111
999	333	555	999	111	333	777	555	999
777	555	999	333	111	555	999	333	111
333	999	111	555	999	333	555	777	777
777	333	999	777	555	999	111	555	333
333	555	777	111	999	333	777	555	999
111	333	999	555	333	777	555	999	333
333	777	555	777	999	555	333	333	777
333	555	999	555	333	777	555	999	555
777	111	333	777	999	555	111	333	777

111		777		555	

评判标准：3 分钟之内完成为合格，1 分钟之内完成为优秀。

所用时间：

训练目的： 锻炼视觉集中能力、视觉分辨能力、视觉追踪能力、视动协调能力以及左右手协调能力。

训练方法： 按照 1—40 的数字顺序依次查找。查找的过程中，注意力要高度集中，中间尽量不要停顿，眼睛盯住中间部分，用余光快速搜索。

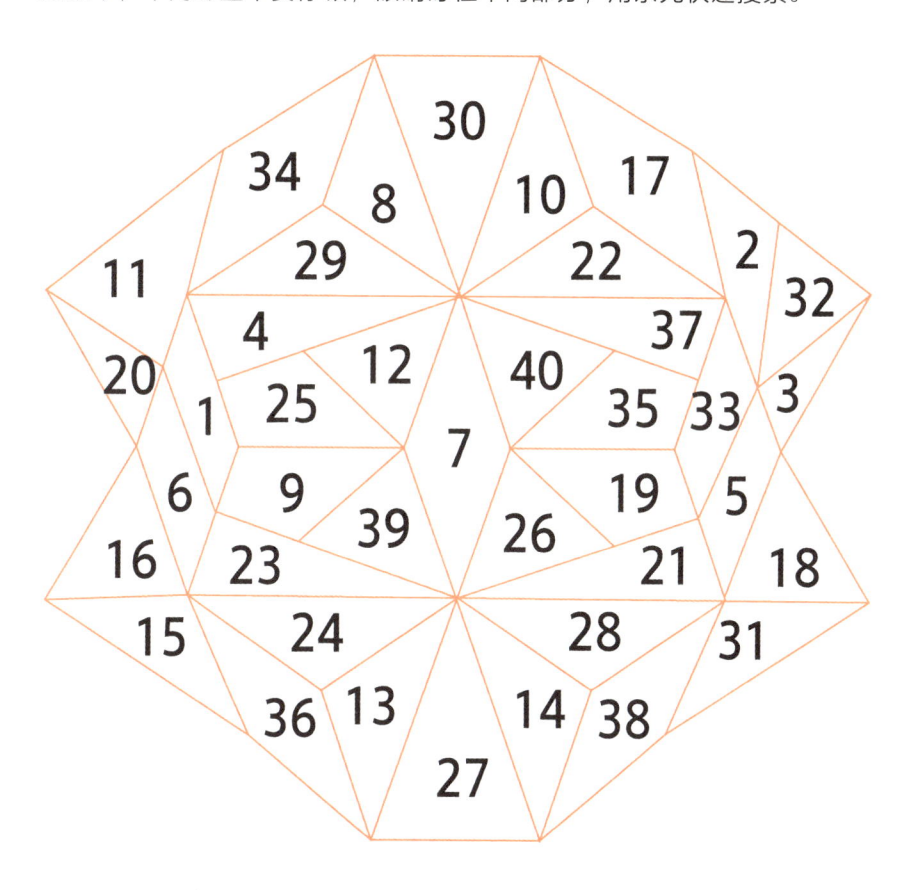

评判标准： 5 分钟之内完成为合格，2 分钟之内完成为优秀。

所用时间：

训练目的： 锻炼视觉集中能力、视觉分辨能力，提高对形近字的辨识能力。

训练方法： 请按照要求找出对应的汉字，并将数量填在括号里。

1. 有多少个"明"：明朋明明朋朋明朋明明明朋明朋朋朋明明明明朋　　记录（　）个

2. 有多少个"玉"：王王玉玉王王玉王玉玉王玉王王王王玉玉玉王王玉　　记录（　）个

3. 有多少个"好"：好妤好妤好妤好妤好妤好妤好妤好妤好妤好好　　记录（　）个

4. 有多少个"倒"：到到倒到倒到倒到倒到到到到倒倒到倒倒到　　记录（　）个

5. 有多少个"权"：权杈权杈权权杈权权杈权杈权权杈杈权权杈权杈权　　记录（　）个

6. 有多少个"驰"：驰驰弛驰弛驰弛驰弛驰驰弛驰弛驰驰弛驰驰驰　　记录（　）个

7. 有多少个"半"：平平半半平平半平半平半平平平半半半半平平半　　记录（　）个

8. 有多少个"元"：无无元元无元无无无元无元无无元元无无元元无　　记录（　）个

评判标准： 3分30秒之内完成为合格，1分钟之内完成为优秀。

所用时间：

训练目的： 训练视觉观察能力以及短时记忆能力。

训练方法： 1.请根据上方表格中规定的译码规则，将下方大表中的空白处填写完整。

2.训练一段时间，能力提升之后，可先快速记忆上方规则，然后默写字母。

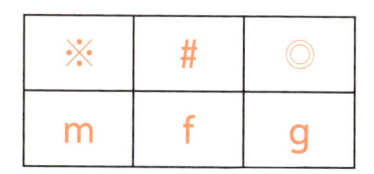

※	#	◎
m	f	g

※	◎	#	※	#	※	◎	#
◎	※	#	#	◎	※	#	◎
#	◎	※	◎	#	◎	※	#
※	#	◎	#	※	#	◎	※

评判标准： 2分钟之内完成为合格，30秒之内完成为优秀。

所用时间：

训练目的： 提高视觉转换能力、视觉分辨能力以及空间思维能力。

训练方法： 仔细观察下面图形中哪个隐藏着图例的图形，用笔画出来。

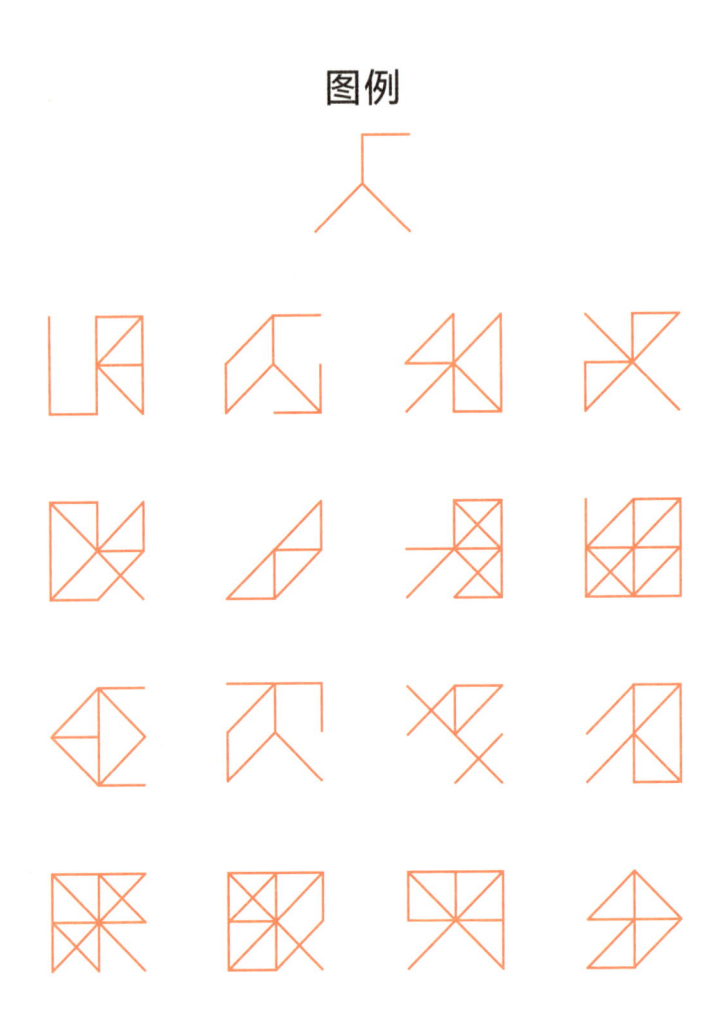

图例

评判标准：6 分钟之内完成为合格，2 分 30 秒之内完成为优秀。

所用时间：

训练目的： 锻炼视觉集中能力、视觉追踪能力，提高快速运算能力。

训练方法： 在下列数字中找到 8 左边的数字圈出来，在该数字下面写上 10 减去该数字的结果。

A: 381787563917883

B: 981768543428768

C: 128456781938567

D: 336473821456784

E: 192877478137098

F: 678421863851408

评判标准： 2 分钟之内完成为合格，40 秒之内完成为优秀。

所用时间：

训练目的： 进行手部肌肉精细训练、视觉分辨训练，减少做题不认真、拖拉现象。

训练方法： 在数字下面抄写数字，要求尽量一眼多写，中间不要停顿。

4567825547243214568742535785 21

3786574562265487145687523565 47

1358978643744562546798352 4625

3547896456325006021335602655 52

1238784549712355122345778952

3574798548841598203265004213

评判标准： 4 分钟之内完成为合格，1 分 30 秒之内完成为优秀。

所用时间：

训练目的： 提升注意力的集中性和稳定性，提升视觉的广度和观察的准确性。

训练方法： 1. 将 B 和 E 找出来，用 "\" 标出。2. 将邻近相同的两个字母找出来，用 "___" 标出。

```
YUIZUDMOQOICJDMOKNKGFRQWZELO
FRIZNGFXFAYTSCPADJXJXJDBMOLAFRO
LAYYUIZFRTZNPLAUIZSSMQWQZNHEL
AYYUIIZFRDHEIZJDUOPLAYZFIZGNGFR
TSCXJDMOPLSCXJXPQWCVCXPUIULAY
UIZWVMLYMNMRQWNIOLAVZNAPLAY
UIUZOPMYUIZIZRTFRFTWBOFKUIZIZN
PUIFRTGTSIUZFRTSCPLZDTIXJDMOPG
FPTSCSFJEKRTSSCTSRTXUIZNHELAY
UIFAYGFRTSCXJDMOPDMOQWVBMCCR
CAYUFOLYUIZFRUVBUOPLAYZFIZGAH
ETSBMOLTAYSBXJSCJDMKOKGFRTSW
VBRSCFRCHLLAYUIZN HFRTZLYUQYUI
ZMOPLAXJDMVBMAYUIZJDTDMOLSCX
N IOLAVZPXDMOUIXJDMOJOPLFCXPGF
UIZRTSOQELAWQZNPLAXJCXJ DJMYAUI
```

评判标准： 5 分钟之内完成为合格，1 分 30 秒之内完成为优秀。

所用时间：

训练目的： 锻炼数学运算能力以及检查纠错能力，减少马虎现象。

训练方法： 认真观察下列各题，如有错误，请在空白处改正，正确的打√。

8+57=55	19+11=30	9+17=26
36+20=66	45−20=15	30+20=5
83−50=23	60−50=10	17−5=18
18+5=23	19+5=24	30+57=87
26−20=16	17+20=27	6+20=26
83−50=23	77−11=6	73−50=23
80+5=85	27+7=37	14+15=19
14+20=24	39+20=56	12+20=32
13−5=18	82−50=23	10−5=2
55−17=48	50−7=42	19−7=8
12+18=20	18+35=43	22+57=99

评判标准： 4分钟之内完成为合格，1分30秒之内完成为优秀。

所用时间：

训练目的：锻炼注意力的稳定性，提升推理能力，提高对数学的兴趣。

训练方法：1.用数字1—4填满每个单元，每一横行和竖行的数字不能重复。

2.解题应根据提示数字采用逻辑推导的方法。

评判标准：15分钟之内完成为合格，5分钟之内完成为优秀。

所用时间：

训练目的： 锻炼视觉追踪能力、视动协调能力，提升运笔能力。

训练方法： 按古诗顺序连线，在不用直尺的前提下，争取把线画直。

望天门山

[唐] 李白

天门中断楚江开，碧水东流至此回。

两岸青山相对出，孤帆一片日边来。

评判标准： 3分钟之内完成为合格，1分钟之内完成为优秀。

所用时间：